Straße der Romanik

Christian Antz

Straße der Romanik

Ellert & Richter Verlag

Autoren/Impressum

Der Kunsthistoriker **Dr. Christian Antz** arbeitete nach dem Studium im Wirtschaftsministerium Sachsen-Anhalts in Magdeburg und ist als Honorarprofessor an der Fachhochschule Westküste in Heide tätig. 1992–2006 hat er für Sachsen-Anhalt die Landes- und Netzwerkprojekte „Straße der Romanik – Reise ins Mittelalter", „Blaues Band – Wassertourismus in Sachsen-Anhalt" und „Gartenträume – Historische Parks in Sachsen-Anhalt" aufgebaut. Immer geht es ihm darum, die Kunst fachübergreifend zu erfassen, Besucher wie Leser zu begeistern und auf der Geschichte bauend Zukunft zu gestalten.

Titelabbildung: Die Stifterfigur Uta im Naumburger Dom
Titelfoto: Raymond Faure, Goslar

Bildnachweis:
Mit freundlicher Genehmigung des Fotoclub Magdeburg 07: 20, 25, 85 (Ingrid Richter), 21 (Frank Hauptmann), 23 (Jörg Fröhlich), 26/27, 48, 51, 58/59, 62/63, 70 (Anja Koch), 32, 33, 38, 39, 47, 49 (Karsten Kilthau), 46 (Sylvia Ziehm),
Michael Bader, Leipzig: 30/31
Fotolia: 44, 52/53
Huber Images: 10/11, 27, 28/29, 86/87 (Reinhard Schmid), 12/13 (Krammisch), 14/15 (Manfred Mehling), 16/17 (Andreas Vitting), 18/19, 92/93 (Hans-Peter Merten), 40/41, 56/57, 60/61 (Dave Derbis), 66, 67, 72/73, 74/75, 78/79, 88/89 (Szyska)
picture alliance: 6, 7, 24, 36, 42/43, 90/91
wikimedia commens: 9 (CC BY SA 4.0, RomkeHoekstra) 22 (Vanellus Foto), 45 (CC BY SA 3.0, Hoger), 65 (CC BY SA 4.0 MichaelIWE), 81 (CC BY SA 3.0, Markus Händel), 83 (CC BY 3.0)
IMG: 82 Juraj Lipták
Raymond Faure, Goslar: 26, 34, 35, 50, 54/55, 69, 71, 76/77, 82

Wir danken der Investitions-und Marketinggesellschaft Sachsen-Anhalt sowie dem Tourismusverband Sachsen-Anhalt e.V. für die freundliche Unterstützung.

Bibliographische Information der Deutschen Nationalbibliothek
Die Deustche Nationalbibliothek verzeichnet diese Publikation in der Deutschen Nationalbibliografie; detaillierte bibliografische Daten sind im Internet über http://dnb.dnb.de abrufbar.

ISBN 978-3-8319-0722-9

© Ellert & Richter Verlag GmbH, Hamburg 2018
3. Auflage 2024

Dieses Werk einschließlich aller seiner Teile ist urheberrechtlich geschützt. Jede Verwertung außerhalb der engen Grenzen des Urheberrechtsgesetzes ist ohne Zustimmung des Verlages unzulässig und strafbar. Dies gilt insbesondere für Vervielfältigungen, Übersetzungen, Mikroverfilmungen und die Einspeicherung und Verarbeitung in elektronischen Systemen.

Text und Bildlegenden: Christian Antz, Magdeburg
Redaktion: Birthe Imsel, Hamburg
Gestaltung: BrücknerAping Büro für Gestaltung, Bremen
Karte: Tourismusverband Sachsen-Anhalt e.V., Magdeburg
Gesamtherstellung: Neografia, Slowakei

www.ellert-richter.de
www.facebook.com/EllertRichter.de
www.instagram.com/ellert-richter-verlag

6   Die Straße der Romanik:
    auf Entdeckungsreise durch das deutsche Mittelalter

20 Die Streusandbüchse:
    Wanderungen durch die Altmark

32 Die Magdeburger Börde:
    im Zentrum des deutschen Reichs

44 Das Harzgebirge:
    auf den Spuren von Königen und Kaisern

64 Das Wein- und Burgenland:
    von Kyffhäuser, Saale und Unstrut

80 Die Halleschen Heiltümer:
    von der Saale an die Elbe

94 Glossar

96 Karte

Die Straße der Romanik: auf Entdeckungsreise durch das deutsche Mittelalter

„Sachsen-Anhalt" ist eine noch junge Verwaltungseinheit. Das im wesentlichen aus preußischen und anhaltischen Gebieten 1947 gebildete Land wurde bereits 1952 aufgelöst und erst im Jahre 1990 wieder gegründet. Doch der Schein trügt. So wie Sachsen-Anhalt durch die deutsche Einigung wieder ins Zentrum Deutschlands und der Integration von West- und Osteuropa gerückt ist, so wurde hier bereits vor 1000 Jahren internationale Politik gemacht. Es gab eine Zeit, da war dieser Raum nicht nur geeint, sondern hat weit über seine Grenzen hinausgestrahlt, nämlich zwischen dem Zerfall des fränkischen Großreichs der Karolinger und dem Ende der Herrschaft der Hohenstaufen in Deutschland. Vor allem im 10. Jahrhundert, als die sächsischen Herzöge der Liudolfinger bzw. der Ottonen von ihrem Stammland aus als Könige und Kaiser das deutsche Reich einigten, lag Sachsen-Anhalt im Zentrum der Macht.

Aber nicht nur für das Mittelalter trifft der ehemalige touristische Slogan Sachsen-Anhalts „Ein Land macht Geschichte" zu. In den Regionen sind auf Schritt und Tritt bedeutende Persönlichkeiten und Entwicklungen präsent. Sachsen-Anhalt ist das „Land der Reformation" mit den Geburts-, Wirkungs- und Sterbestätten Martin Luthers in Eisleben und Wittenberg wie den Lebensstationen des Bauernführers Thomas Müntzer in Stolberg und Allstedt. Es ist aber auch ein Land der Musik. Gerade die berühmtesten Komponisten des Barock lebten und arbeiteten hier: Von Heinrich Schütz in Weißenfels über Georg Friedrich Händel in Halle und Georg Philipp Telemann in Magdeburg bis zu Johann Sebastian Bach in Köthen.

Zu Zeiten der Aufklärung, gegen Ende des 18. und Anfang des 19. Jahrhunderts, gehen von Sachsen-Anhalt die bedeutendsten Geistesimpulse aus. Der aus Stendal stammende Johann Joachim Winckelmann begründet die moderne Archäologie und Kunstgeschichte, in Halberstadt empfängt der „Dichtervater" Johann Ludwig Gleim seine Gelehrtenfreunde. An der Universität Halle arbeiten Alexander Baumgarten und Christian Wolff an einer neuen Wissenschaftsphilosophie, während gleichzeitig die dortigen Stiftungen August Hermann Franckes ins Zentrum des pietistischen Weltbildes rücken. In Bad Lauchstädt errichtet Johann Wolfgang von Goethe sein Sommertheater, und Fürst Leopold III. Friedrich Franz baut sein Fürstentum Anhalt-Dessau zu einem Musterstaat und einer englischen Gartenlandschaft um. So ließe sich die Reihe unendlich verlängern bis zu den innovativen Wirtschaftsideen des 20. Jahrhunderts, die ebenfalls von Sachsen-Anhalt aus die Welt eroberten. Allein für den Raum Dessau-Bitterfeld können die Flugzeugkonstruktionen von Hugo Junkers, das Bauhaus unter Walter Gropius und die Elektrochemischen Werke AEG des späteren Reichsaußenministers Walter Rathenau genannt werden.

Wie kein anderes Land der Bundesrepublik Deutschland besitzt Sachsen-Anhalt jedoch neben seiner bedeutenden mittelalterlichen Geschichte einen unschätzbaren Reichtum an Denkmälern der Ottonik und der Romanik. Das Gebiet des heutigen Bundeslandes war in der Zeit zwischen 950 und 1250 nicht nur ein politisches und kulturelles Zentrum in Europa. Von noch größerer Wichtigkeit ist es, dass sich in ungewöhnlicher Dichte die künstlerischen Zeugen des Mittelalters erhalten haben. Klöster und Dome, Dorfkirchen und Wohnhäuser, Stadtanlagen und Burgen, Straßen und Skulpturen, Malerei und Schatzkunst sind Ausdruck eines gemeinsamen abendländischen Denkens, einer geistigen Plattform des heutigen Europas. Denn die Romanik ist der erste Kunststil des Mittelalters, der den Gesamtbereich des zur katholischen Kirche sich bekennenden eurozentrischen Abendlandes umfasst. Von der antik-römischen Kunst beeinflusst, dominieren quadratische oder kubische Formen die gesamte romanische Baukunst in Sachsen-Anhalt, Deutschland und Europa.

Das Jahr 955 war ein Schicksalsjahr für die deutsche Geschichte. Die zielstrebig nach Süd- und Mitteldeutschland eindringenden Ungarn werden in der Schlacht auf dem Lechfeld von dem Liudolfingerkönig Otto I. und dem Bischofsheiligen Ulrich von Augsburg vernichtend geschlagen. Erst jetzt kann Otto seine Macht innerhalb des Reichs sichern und sich dem Aufbau von Verwaltung und Kultur zuwenden Der später kolorierte Holzstich (um 1860) nach einem Fresko in den Münchner Hofgartenarkaden (um 1825) glorifiziert dieses Ereignis, das letztendlich Grundlage zur Straße der Romanik 1993 geworden ist.

Zum größeren Teil besitzen die romanischen Kunstwerke Sachsen-Anhalts sogar Weltgeltung, gerade bezüglich der seltenen Werke der „Ottonischen Renaissance". In Deutschland selbst kann sich in Hinblick auf Qualität und Anzahl der erhaltenen romanischen Kunst nur noch das Rheinland mit dieser Region messen.

Diese Fülle und Qualität mittelalterlicher Kunst im Zentrum Deutschlands und Europas waren Anlass zur Entwicklung der „Straße der Romanik". Wie auf einer Perlenschnur werden entlang dieser touristischen Kulturstraße die bedeutendsten erhaltenen Denkmäler der Ottonik und Romanik in Sachsen-Anhalt zusammengeführt. Wie ein steinerner Kalender deutscher Geschichte muten die ursprünglich ausgewählten 72 Bauten in 60 Orten an. Nach Evaluierungen hat sich diese Anzahl der zu besichtigenden Schauplätze auf 88 in 73 Orten erhöht. In Form einer „8" mit dem Zentrum Magdeburg umfasst die Route flächendeckend alle Regionen des Landes und alle Facetten mittelalterlicher Kunst. Die vom Wirtschaftsministerium aufgebaute „Straße der Romanik" wurde am 7. Mai 1993, dem 1020. Todestag Kaiser Ottos I., von dem damaligen Bundespräsidenten Richard von Weizsäcker als erste Tourismusroute in den neuen Bundesländern eröffnet. Wie die Bilderwelt von Umberto Eccos 1980 erschienenem Roman „Der Name der Rose" lassen auch die Zeugen der „Straße der Romanik" das Denken und Streben des mittelalterlichen Menschen, seine Lebenskultur und seine Kunstauffassung uns heute diese Epoche begreifen.

Erst Kaiser Karl der Große hat um die Wende vom 8. zum 9. Jahrhundert Sachsen in das fränkische Reich integriert, das Christentum als Staatsreligion eingeführt und damit Kultur und Kunst Westeuropas jenseits des Harzes gebracht. Planmäßig ließ er fränkische Burgbezirke wie Allstedt und Querfurt und Grenzburgen zu den Slawen wie Magdeburg, Nienburg und Merseburg anlegen oder auch slawische Burgen wie Wanzleben erweitern. Auch die mächtigen karolingischen Reichsklöster Hersfeld, Fulda, Corvey und Werden sichern sich in den neuen deutschen Gebieten Grundherrschaften, richten dort aber auch Stätten der Missionierung und Bildung wie das Kloster Wendhusen in Thale ein. Vor allem das im Jahre 804 gegründete Bistum Halberstadt, das aus dem Missionsbistum Osterwieck hervorgeht, vereinigt das Gebiet zwischen Harz und Elbe organisatorisch in seiner Hand. Mit dem von Kaiser Karl eingesetzten ersten Bischof Hildegrim von Chalons wurde ein erfahrener Verwaltungsmann zum Neuaufbau dieses wichtigen Kirchenbezirks gewonnen, der gemeinsam mit seinem Bruder Liutger, dem Bischof von Münster,

Der „Magdeburger Reiter", vergoldet in seinem barocken Gehäuse auf dem Alten Markt in Magdeburg (das Original befindet sich dort im Kulturhistorischen Museum), ist das älteste freistehende Reiterdenkmal in Deutschland und das erste in Europa seit der Antike. Um 1250 geschaffen, steht es dem „Reiter" im Bamberger Dom nahe. Die Skulpturengruppe von europäischem Rang zeigt einen idealisierten Herrscher, wahrscheinlich Kaiser Otto den Großen, mit zwei Schildträgerinnen.

bereits das Familienkloster Werden bei Essen gegründet hatte. Hier erkennt man schon die räumliche und geistige Mobilität des mittelalterlichen Menschen, die unter dem Eindruck moderner Technologie noch heute oft unterschätzt wird.

Mit dem Zerfall des fränkischen Großreichs werden die sächsischen Grafen immer selbständiger. Gerade die Liudolfinger als Grenzherzöge gegen die Slawen schaffen es, durch eine geschickte Heiratspolitik und einen großflächigen Grunderwerb eine mächtige Hausmacht aufzubauen. Als Herzog Heinrich der Vogeler 919 zum König der ostfränkisch-deutschen Länder gewählt wird, wird Sachsen zur Kernlandschaft des deutschen Reichs. Die Königslandschaft wird nunmehr durchzogen von einem engmaschigen System aus Fluchtburgen wie Quedlinburg und Pfalzen wie Allstedt, Magdeburg, Merseburg, Memleben und Tilleda. Die Macht für sich und seine Nachkommen sichert sich Heinrich aber mit strategischen Schlachten gegen Slawen- und Ungarneinfälle. Mit dem Sieg von Riade bei Merseburg, seiner Lieblingspfalz, ist seine Königsmacht 933 endgültig gefestigt.

Sein Sohn und Nachfolger Otto I. schlägt 955 die Ungarn gemeinsam mit Bischof Ulrich von Augsburg in der Schlacht auf dem Lechfeld bei Augsburg vernichtend und kann sich danach dem kulturellen Ausbau der Basislandschaft des sächsisch-deutschen Königtums zuwenden. Nach der Unterwerfung der slawischen Gaue östlich der Elbe gründet er die Bistümer Brandenburg, Havelberg, Merseburg, Zeitz (Naumburg) und Meißen. Diese enge Verbindung von kirchlicher und politischer Organisation ist kennzeichnend für das ottonische „Reichskirchensystem" zur Sicherung der Königsmacht. Seine Lieblingsresidenz Magdeburg lässt Otto in Konkurrenz zur karolingischen Kaiserpfalz Aachen ausbauen und mit dem neuen Moritzkloster koppeln. Klöster wie in Quedlinburg und Hamersleben werden durch ihn oder wie in Gernrode und Frose durch den Markgrafen Gero ins Leben gerufen. Auf dem Höhepunkt seiner Macht wird er 962 in Rom zum Kaiser des Heiligen Römischen Reiches Deutscher Nation in der Nachfolge des römischen Kaisers Konstantin des Großen und des fränkischen Kaisers Karl des Großen gekrönt und kann 968 in Magdeburg ein neues deutsches Erzbistum neben dem bestehenden Mainz errichten. Welche Internationalität sich damals in Sachsen-Anhalt zeigt, verdeutlichen beispielhaft die Feierlichkeiten zu Palmsonntag des Jahres 973. Von Italien aus anreisend trifft Kaiser Otto der Große mit seiner zweiten Frau Adelheid, der burgundischen Königstochter und verwitweten Königin von Italien, in Magdeburg ein. Am Grab seiner ersten Frau Editha, der Tochter König Edwards von England, verharren sie gemeinsam mit dem in Rom frisch vermählten Sohn Otto II. und seiner Gemahlin Theophanu, der Nichte des byzantinischen Kaisers Johannes I. Tzimiskes.

Im Glanz dieser Macht orientieren sich die Liudolfinger Otto II., Otto III. und Heinrich II. stärker auf die große Kaiser- und Italienpolitik. Dadurch bedingt betreiben die sächsischen Bischöfe und Markgrafen eine eigenständigere Landesherrschaft. Ausdruck ihrer neuen Macht ist der Bau von Burgen wie Westerburg, Falkenstein, Bernburg, Schönburg, Rudelsburg und Neuenburg und die Stiftung von Familienklöstern zum ewigen Seelenheil wie Diesdorf, Klostergröningen, Hadmersleben, Klostermansfeld, Helfta, Zscheiplitz und Goseck. Aber auch Niederlagen werden damit in Kauf genommen wie 983 der Verlust der ostelbischen Gebiete mit den Bistümern Brandenburg und Havelberg an die Slawen.

Die Salier, die 1024 Königsmacht und Hausgut der Ottonen erben und im Rheinland ihre romanischen Großbauten wie den Dom von Speyer errichten, versuchen durch Krondomänen, die von schwäbischen Reichsministerialen verwaltet werden, die Macht der neuen Territorialherren einzudämmen. Der an den häufigen Aufenthalten in Sachsen dokumentierte Kampf Heinrichs III. und Heinrichs IV. gerät jedoch in den Strudel des „Investiturstreits" zwischen Reformpapsttum und Kaisertum um die Abhängigkeit geistlicher Gebiete und Klöster von der weltlichen Macht. Der von Reformkräften wie sächsischen Grafen unterstützte Gegenkönig Rudolf von Schwaben stirbt zwar 1080 nach der Schlacht bei Hohenmölsen, doch kann sich das salische Kaiserhaus in Sachsen nicht mehr als alleinige Macht durchsetzen. Auch der 1125 gewählte, wieder aus sächsischem Hause stammende König Lothar von Supplinburg, der durch seine von lombardischen Baumeistern errichtete Stiftskirche in Königslutter entscheidenden Einfluss auf die romanische Baukunst Sachsen-Anhalts nimmt, kann den Durchbruch der Landesherrschaften nicht mehr rückgängig machen. Die erstarkten Territorialkräfte sind es aber nun, die in sogenannten Wendenkreuzzügen die von Otto I. schon einmal eroberten slawischen Gebiete östlich der Elbe ihrem Herrschaftsbereich unterordnen können. Da ist als erster der Askanier Albrecht der Bär, der von seiner Stammburg Ballenstedt aus mit Bischof Anselm von Havelberg die Bistümer Brandenburg und Havelberg zurückgewinnt und sich seit 1157 Markgraf von Brandenburg nennt. Sein Nachfahre Bernhard aus der wittenbergischen Linie erhält nach der Entmachtung Heinrichs des Löwen durch Kaiser Friedrich I. Barbarossa 1180 auch das Herzogtum Sachsen. In den askanischen Gebieten der Altmark werden besonders Neusiedler aus Flandern sesshaft und das Christentum durch den Bau von Stiften wie Beuster sowie Dorfkirchen wie Sandau, Redekin, Rohrberg und Engersen heimisch. Auch die Erzbischöfe von Magdeburg, allen voran Wichmann von Seeburg, weiten ihr Territorium aus und festigen es. Im Kampf mit Heinrich dem Löwen müssen sie dafür die Zerstörung Halberstadts und die Verwüstung des Magdeburger Umlandes in Kauf nehmen. Die Halberstädter Bischöfe können jedoch erst im 14. Jahrhundert ihr Gebiet durch das Erbe der Aschersleberner Linie der Askanier abrunden. Auch hier entstehen aussagekräftige Backstein- und Feldsteinkirchen als Zentren der Dörfer wie in Mücheln, Bad Bibra, Flemmingen, und Altjessnitz. Als vierter expandierender Territorialherr müssen die Wettiner genannt werden, die von ihrer Stammburg

Wettin aus unter Konrad dem Großen 1123 die Markgrafschaft Meißen und unter Heinrich dem Erlauchten 1247 die Markgrafschaft Thüringen von den ausgestorbenen Landgrafen erwerben.

Gerade zur Zeit der gräflichen „Ostkolonisation" entwickeln sich die Städte Sachsen-Anhalts zu aufstrebenden Produktions- und Handelszentren. Noch unter der Fürsorge der Landesherren werden große Stadtkirchen wie in Wernigerode, Sangerhausen, Merseburg und Salzwedel errichtet. Doch der vom 13. bis 15. Jahrhundert schwelende Kampf der wirtschaftlich erstarkten Bürger um Selbstverwaltung und Städtefreiheit, der sich auch in der Mitgliedschaft von sechzehn sachsen-anhaltischen Städten in der Hanse ausdrückt, lässt das Verhältnis zum Landesherren abkühlen. Doch im Harz-Elbe-Raum schaffen es die Städte nicht zur wirklichen Reichsunmittelbarkeit, der direkten rechtlichen und steuerlichen Unterstellung unter den deutschen Kaiser. So können sich die Landesherren an den wirtschaftlichen und finanziellen Ressourcen ihrer Städte weiter schadlos halten.

In die Umbruchzeit des 12. Jahrhunderts fallen auch die kirchlichen Reformbewegungen, die vom burgundischen Cluny, dem lothringischen Gorze und dem süddeutschen Hirsau ausgehen. Mit ihrer Abkehr von Verweltlichung und der Erneuerung der Mönchsregel des heiligen Benedikt sowie mit eigenständigen Architektur- und Kunstformen finden sie eine große Resonanz im sächsischen Kernland. Als frühes Zentrum der benediktinischen Reform gilt Ilsenburg im Harz. Aber auch neue Reformorden halten in Sachsen-Anhalt früh Einzug. Die eigenwirtschaftlich arbeitenden, zurückgezogen und bescheiden lebenden Zisterzienser und Zisterzienserinnen gründen Niederlassungen in Michaelstein, Helfta und Pforta. Der vom Magdeburger Erzbischof Norbert von Xanten gegründete Orden der Prämonstratenser erhält in Magdeburg sein zweites Mutterkloster und wird für die Missionierung der ostelbischen Gebiete wie in Leitzkau, Jerichow und Havelberg eingesetzt.

Auch die den Saliern folgenden Staufer, insbesondere der noch heute steinern im Kyffhäuser sitzende Friedrich I. Barbarossa, versuchen mit ihrer Reichspolitik Deutschland ohne Erfolg unter einer starken königlichen Zentralgewalt zu einigen. Selbst Sachsen-Anhalt als Ganzes, wie es die sächsischen Ottonen einst geschaffen hatten, wird erst am Ende des 20. Jahrhunderts wieder Wirklichkeit. Die steinernen und künstlerischen Zeugen der Ottonik, Romanik und Gotik geben uns aber ein deutliches Bild dieser bedeutenden Epoche sachsen-anhaltischer, deutscher und europäischer Geschichte.

Die regionaltypischen und dennoch internationalen Formen dieser Kunst sind eingebettet in eine ebenso vielfältige Natur. In allen Regionen Sachsen-Anhalts finden sich außergewöhnliche Naturschönheiten: die Höhenzüge des Harzes mit dem Brocken, die Heidelandschaft der Altmark mit dem Arendsee, das Saale-Unstrut-Gebiet mit seinem Weinanbau oder die Auenlandschaften an Elbe und Mulde. Doch fast in jedem Fall sind diese natürlichen Gegebenheiten mit kulturellen Entwicklungen verbunden: der Brocken mit seinen Besuchern Johann Wolfgang von Goethe und Heinrich Heine, die ihn erst zu dem berühmtesten deutschen Berg gemacht haben, die Altmark mit ihrer Backsteinarchitektur, die Saale-Unstrut-Region mit ihren Burgen und Weinbergterrassen oder die klassizistischen Schlösser mit ihren Landschaftsparks in Anhalt. Kulturdenkmäler und Naturschönheiten bilden in Sachsen-Anhalt eine untrennbare Einheit und so können auch die Bauzeugen des Mittelalters nur in Zusammenhang der regionalen Landschaftsbilder begriffen werden. Am Besten können die in die Natur eingebetteten Kunstwerke der „Straße der Romanik" auf einer persönlichen Reise erfasst und erlebt werden – ein besonderer Kunstgenuss.

Die romanischen Kapitelle des Magdeburger Doms strotzen vor Kraft und Dynamik. Figuren und Pflanzen verweben sich zu einer Einheit und diejenigen im Chorumgang besitzen die größte Qualität. Leider wird dieses skulpturale Wunderwerk in luftiger Höhe zu oft nicht erkannt.

Die Straße der Romanik: auf Entdeckungsreise durch das deutsche Mittelalter

An zwei breiten Elbläufen liegt die Kaiser- und Ottostadt Magdeburg. Inmitten der endlos erscheinenden flachen Bördelandschaft mit den fruchtbarsten deutschen Böden erhebt sich weit sichtbar der Magdeburger Dom. An seiner Stelle befand sich einst eine ottonische Kirche, die durch einen Brand vernichtet wurde. Im Auftrag Erzbischof Albrechts II. von Käfernburg entstand hier ab 1207 der erste gotische Großbau nach französischem Vorbild in Deutschland, der 1520 am Ende des Mittelalters vollendet wurde. Sächsische Spätromanik, französische Hochgotik und deutsche Spätgotik prägen den Bau und seine Geschichte.

Die Straße der Romanik: auf Entdeckungsreise durch das deutsche Mittelalter

Betont locker und doch selbstbewusst thront das berühmte Herrscherpaar des Magdeburger Doms in der sechzehneckigen Heilig-Grab-Kapelle. Die um 1250 geschaffene Gruppe gehört zu den abgeklärtesten Werken im Übergang von der Romanik zur Frühgotik. Die Identität der beiden Herrscher läßt sich nicht mit Sicherheit bestimmen. Die Magdeburger Überlieferung deutet sie als Kaiser Otto den Großen und seine erste Gemahlin, die englische Königstochter Editha. Die neuere Forschung spricht vom himmlischen Brautpaar Christus als Weltenherrscher, der das kreisrunde Symbol der Himmelssphäre in seiner Hand hält, und seiner Braut Ecclesia (Kirche) mit dem aufgeschlagenen Evangelienbuch des Neuen Bundes. Der erste deutsche Kaiser des Heiligen Römischen Reichs, Otto I. (der Große), war 973 im 1207 abgebrannten Vorgängerbau des Doms beigesetzt worden.

Die Straße der Romanik: auf Entdeckungsreise durch das deutsche Mittelalter

Die Straße der Romanik: auf Entdeckungsreise durch das deutsche Mittelalter

Ein Ruhepol inmitten der Großstadt, das ist das Kloster Unser Lieben Frauen in Magdeburg mit seiner dreischiffigen Klosterkirche, seinem säulenumstandenen Kreuzgang, seinem Kunstmuseum und seinem Klostercafé. Internationale Bedeutung hatte es im 12. und 13. Jahrhundert als zweites Mutterkloster des vom heiligen Norbert von Xanten gegründeten Prämonstratenserordens. Von hier aus organisierten er und seine Nachfolger die Eroberung und Missionierung der slawischen Gebiete Ostelbiens. Die ab 1063/64 von Erzbischof Werner von Steußlingen, dem Bruder des bedeutenden Kölner Erzbischofs Anno II., als Augustiner-Chorherrenstift errichtete Großkirche gehört zu den besterhaltenen Zeugnissen der Romanik.

Die Straße der Romanik: auf Entdeckungsreise durch das deutsche Mittelalter

Auf dem steilen Sandsteinfelsen über der Welterbe- und Fachwerkstadt Quedlinburg erheben sich Schloss (16.-17. Jahrhundert) und die auf das 10. Jahrhundert zurückgehende, zwischen 1070 und 1129 neu errichtete Stiftskirche St. Servatius (Dom) mit ihren weit sichtbaren, hoch aufragenden romanischen Türmen. In der 1129 geweihten dreischiffigen Basilika befinden sich nicht nur die Gräber Heinrichs I. und seiner Gemahlin Mathilde der Heiligen, sondern auch der berühmte Domschatz. Nach dem Tod des Königs gründet seine Witwe 936/937 das Kanonissenstift, dessen Äbtissinnen lange Zeit in enger Verbindung mit dem Königtum standen. Das Kircheninnere ist geprägt durch den sächsischen Stützenwechsel (abwechselnd zwei Säulen, ein Pfeiler) und reiche Bauornamentik. Kunstvolle Würfelkapitelle zeigen Tiere, Blatt- und Rankenwerk, Masken, Fabelwesen und Dämonen.

Die Straße der Romanik: auf Entdeckungsreise durch das deutsche Mittelalter

Die aus Mainfranken zugewanderten Ludowinger errichteten hoch über der Unstrut und der Stadt Freyburg 1090 die Neuenburg. Das milde Klima und der Weinanbau begünstigten die Ortswahl. Ihr erstaunlicher Aufstieg in die Reihe der mächtigsten Reichsfürsten als Landgrafen von Thüringen und Hessen sowie Pfalzgrafen von Sachsen erfolgte unter den Königen und Kaisern aus dem staufischen Hause. Wie die Wartburg im Westen, so sollte die Neuenburg im Osten ihr thüringisches Herrschaftsgebiet schützen. Die Ludowinger gehörten nicht nur zu den mächtigsten Herrschern, sondern auch zu den größten mitteldeutschen Mäzenen der deutschen Literatur. Erhaltene romanische Teile sind der Bergfried (auf dem Foto nicht zu sehen), der auch als „Dicker Wilhelm" bezeichnet wird, ein Wohnturm und die Doppelkapelle der heiligen Elisabeth. Die um 1180 errichtete Kapelle besteht aus einem oberen und einem unteren Raum und gilt wegen ihrer außergewöhnlichen romanischen Bauzier als besonderes Kleinod.

Die Streusandbüchse: Wanderungen durch die Altmark

„Es ist aber das Land – die Alte Mark – mit hohen Gnaden und Gaben Gottes geziert: einer gesunden Luft, ein reich Kornland, schöner Viehzucht, Butter, Käse, Wolle, Honig, Fleisch, Fische, schön Brot, Wildbret, Küchenspeis, Holz. Salz wird ihm von nahen zugeführt. [...] Die Städte darinnen brauen die herrlichsten Biere", charakterisiert Christoph Entzelt schon im 16. Jahrhundert treffend den Norden Sachsen-Anhalts in seinem Buch von den „Vorzügen der Altmark". Der fast flache, von seiner Natur her recht einheitliche Landstrich von Altmark und Elb-Havel-Winkel wird nicht nur im Spätmittelalter von der Landwirtschaft geprägt. Fruchtbare Böden wechseln jedoch ab mit dem hellen Elbsand; Heide, Kiefernwälder, Äcker und die vielen, aus Flüssen, Seen und Kanälen bestehenden Wasserflächen machen die Altmark abwechslungsreich. Das Land war immer dünn besiedelt, so dass die landschaftliche Schönheit ungehindert zur Geltung kommt, vor deren Silhouette die meist mittelalterlich geprägten Städte brillieren können. Mit Hilfe von Backstein, Feldstein und Fachwerk wurden hier herausragende architektonische Leistungen von Bau- und Stadtbaukunst vollbracht.

Die altmärkische Wirtschaft erlebt vom 12. bis 15. Jahrhundert ihre Blütezeit, und diese hat den Städten ihren Stempel aufgedrückt. Zum Zweck nochmaliger Handelssteigerung haben sich 1322 die dortigen sechs Mitgliedsstädte der Hanse, Gardelegen, Salzwedel, Osterburg, Werben, Tangermünde und Stendal, noch enger im „Altmärkischen Städtebund" zusammengeschlossen. Auch spätere Zeiten haben ihre Zeugen in der Altmark hinterlassen, doch die entscheidende Prägung ist diesem Landstrich während des Mittelalters entstanden. Und da die Industrialisierung des 19. und 20. Jahrhunderts der Region kaum Schäden zugefügt hat, können wir auch heute noch die Landschaft und die Städte fast ungestört genießen – zu Fuß, mit dem Rad, dem Auto oder per Boot. „Auch jetzt noch", sinnierte 1859 der wohl bekannteste Chronist der Mark, Theodor Fontane, in seinen „Gedanken über die Altmark", „ver-

leugnen die altmärkischen Städte ihre frühere Bedeutung keineswegs, und neben schlichten, zum Teil baufälligen Fachwerkhäusern, die im günstigsten Falle das Interesse hohen Alters bieten, finden sich zahlreiche Bauten, die an Fürstenmacht und Bürgerreichtum, an die Glanztage des Klerus und der Hanse erinnern. [...] Alle diese Städte, selbst die kleinsten und ärmsten unter Ihnen, sind nur klein und arm im Verhältnis zu dem, was sie selbst einst waren."

Die mittelalterliche Architektur der westlichen Altmark wird bestimmt vom Material des Feldsteins. Unverputzt dominieren besonders die hohen, wehrhaften Westtürme der Kirchen über die unzähligen kleinen Dörfer. Ungefähr vierhundert solcher Feldsteinkirchen haben sich in der Altmark erhalten. Sie sind Zeugnis des mittelalterlichen Glaubens, waren jedoch auch „Gottesburgen" gegen reale Feinde jeder Art im alltäglichen Leben. Wenn man sich die Lehm- und Holzhäuser vorstellt, die die romanische Dorfbevölkerung ihr Eigen nannte, so bot nur der kaum befensterte steinerne Kirchturm Schutz bei Brandschatzungen und Überfällen. In mittelalterlicher Gestalt gut erhalten haben sich die drei Feldsteinkirchen in Wiepke, Engersen und Rohrberg. Sie befinden sich nördlich der Stadt Gardelegen, die heute wie im Mittelalter das Zentrum der westlichen Altmark bildet. Im 12. Jahrhundert gegründet, entwickelte sich diese Hansestadt rasch und erlangte im Mittelalter Berühmtheit durch seine Brauereien, die das sogenannte „Garley" bis nach Hamburg, England und Skandinavien exportierten. Eingerahmt wird die Stadt von zwei Landschaften ersten Ranges, die Colbitz-Letzlinger Heide im Osten und der Drömling im Westen. Gerade der Naturpark Drömling als Rahmen des Mittellandkanals lohnt einen Abstecher. Dieses ehemalige Niederungsmoor wurde um die Mitte des 18. Jahrhunderts von Friedrich II. von Preußen entwässert. Das damals angelegte engmaschige Kanalsystem ist komplett erhalten geblieben und macht die Weidelandschaft des Drömling zu einem einmaligen Denkmal des Wasserbaus.

Das nahegelegene Wiepke, das mittelalterliche „wybecke", gehörte seit dem 15. Jahrhundert zu Schloss und Vogtei Gardelegen der Familie von Alvensleben. Die auf einer leichten Anhöhe liegende Kirche mit ihrem Westquerturm wurde Ende des 12. Jahrhunderts errichtet. Im Vergleich zu den umliegenden Dorfkirchen besitzt sie ein extrem kurzes Kirchenschiff, dessen reich bemalte, hölzerne Flachdecke von 1602 dem sonst nüchternen Kirchenbau eine besondere Schmucknote verleiht. Der benachbarte Ort Engersen war ebenfalls bis Anfang des 19. Jahrhunderts Alvensleben'sches Lehen und besitzt eine ähnlich geartete Kirche aus der ersten Hälfte des 13. Jahrhunderts. Wie in Engersen wurde auch in Rohrberg das einschiffige romanische Langhaus der Dorfkirche im 18. Jahrhundert verändert. Auch der querrechteckige Turm mit seinen rundbogigen Schallöffnungen erhielt 1752 einen Fachwerkaufsatz. Außergewöhnlich reich ist der Bestand an mittelalterlichen Glocken in ganz Sachsen-

Die reich bemalte barocke Holzdecke ist neben der barocken Ausstattung, die beide von der Familie von Alvensleben gestiftet wurden, Schmuck der sonst schlichten romanischen Dorfkirche in Wiepke.

Anhalt. Hier in Rohrberg befindet sich davon eine Kostbarkeit. Die Glocke aus dem Jahre 1337 ist nicht nur wegen ihres Alters zu schätzen, sondern auch wegen ihrer Ritzzeichnungen. Die figürliche Darstellung des Gießers Hermann gehört zu den frühesten Selbstdarstellungen eines Künstlers überhaupt. Neben der Dorfkirche bietet Rohrberg in seinem Umfeld lohnende Abstecher, wie die Hünengräber in Stöckheim, der dendrologische Park von Beetzendorf mit seinem wertvollen Baumbestand und das Erholungsgebiet um den Ahlumer See.

Ganz im Westen der Altmark liegt auf einem Ausläufer der Lüneburger Heide der Ort Diesdorf. An einer Fernstraßenkreuzung stiftete Graf Hermann von Lüchow 1161 das Stift Marienwerder. Die angesiedelten Augustinernonnen hatten die Aufgabe, die vorwiegend slawischen Bauern im christlichen Glauben zu unterweisen, und bildeten den geistlichen und kulturellen Mittelpunkt der gräflichen Herrschaft. Von den Wohngebäuden des zeitweise reichsten Stifts der Altmark ist kaum etwas erhalten geblieben. Der zweite, 1230 vollendete Klosterkirchenbau St. Maria und Crucis blieb jedoch als eindrucksvolle dreischiffige Backsteinbasilika erhalten. Wie in Arendsee scheint der Diesdorfer Baumeister einer der Backsteinspezialisten im Umfeld der Jerichower Stiftskirche gewesen zu sein. Auf Wunsch des Bauherrn wurden für die kreuzförmige Pfeilerbasilika die von seinem Lehnsherrn Heinrich dem Löwen herrührenden Dombauten in Braunschweig und Ratzeburg in die Planung einbezogen - eine Tatsache, die die damalige politische Bedeutung der Lüchower Grafen unterstreicht. Die erste im Ganzen mit einem Kreuzgratgewölbe überdeckte Kirche der Altmark besitzt einen vielfältigen, aus Friesen und Reliefs bestehenden Bauschmuck aus Backstein, ein Heiliges Grab aus dem 14. Jahrhundert und eine spätgotische Triumphkreuzgruppe aus dem 15. Jahrhundert. Frühmorgens, wenn die Sonne die sieben romanischen Fenster des Chores und den roten Innenraum durchleuchtet und sich früher die Augustinerinnen zum Stundengebet versammelten, hinterlässt die Diesdorfer Kirche den nachhaltigsten Eindruck. Auch schon zur Erbauungszeit muss dies der Fall gewesen sein, denn nicht nur die Lorenzkirche in Salzwedel, auch viele Backsteinkirchen im Ostseeraum stehen unter Diesdorfer Einfluss. Das Dorf sollte jedoch nicht verlassen werden, ohne das 1912 gegründete, älteste deutsche Freilichtmuseum auf sich wirken zu lassen. Die bäuerliche Kultur der Altmark von der Dorfschmiede über den Bauerngarten bis zum Dorfkrug wird hier in Form niederdeutscher Hallenhäuser in den Bautechniken des 17. bis 19. Jahrhunderts wiederbelebt. Gerade im Sommer werden hier regionaltypische Feste gefeiert und altes bäuerliches Handwerk vorgeführt.

Inmitten des ehemaligen deutsch-deutschen Sperrgebiets erhebt sich das Augustinerkloster von Diesdorf. Beim Bau der 1230 vollendeten Klosterkirche orientierte sich der Bauherr eng an den Domkirchen Heinrichs des Löwen in Braunschweig und Ratzeburg. Der Backstein gibt der Mauer eine warme Rottönung. Nach Fertigstellung diente der Bau als weit verbreitetes Vorbild im Ostseeraum.

Schon um das Jahr 1000 existiert eine Burganlage an einer Flußniederung der Jetze, die zur Sicherung der alten Salzstraße von Hamburg bzw. Lübeck über Lüneburg nach Magdeburg angelegt wurde. Die kleine Siedlung, die Anfang des 12. Jahrhunderts im Schutze der Markgrafen der Nordmark entsteht, weist darauf hin: Salzwedel. Doch erst zwischen dem 13. und 16. Jahrhundert entwickelt sich die mit Privilegien ausgestattete Kaufmannsstadt zu einer der bedeutendsten und reichsten Städte der Mark Brandenburg - seit 1233 ausgestattet mit dem Salzwedeler Stadtrecht und seit 1263 Mitglied der Hanse. Wenn Salzwedels Berühmtheit ehemals mit dem Salzhandel verbunden war, so ist es seit 1820 der Export des über offenem Feuer gebackenen „Salzwedeler Baumkuchens". Der spätmittelalterliche Wohlstand der Bürger lässt sich noch gut am Marktplatz, dem Rathaus und der Hauptpfarrkirche St. Marien nachvollziehen. Aus dem Beginn der städtischen Blütezeit stammt die Lorenzkirche, die um 1250 als dreischiffige, querschifflose Backsteinbasilika errichtet wurde. Als sie im 15. Jahrhundert zugunsten der Marienkirche ihre Rechte verliert, wird sie zunächst Versammlungsort von Gilden und Bruderschaften, bevor sie zwischen 1692 und 1859 rein wirtschaftlichen Zwecken als Salzlager dient. Nach mehrfachen Restaurierungen begeistert wieder die Vielfalt von spätromanischen Einzelformen an Fenstern, Stützen, Kapitellen und Bögen sowie der farbliche Wechsel von rotem Backstein, weiß verputzten Wänden und schwarz glasierten Formsteinen. Praktischen Umgang mit der frühmittelalterlichen Geschichte bietet das Johann-Friedrich-Daneil-Museum mit seiner „Langobardenwerkstatt" am Mühlenberg in Zehtlingen. Im Rahmen experimenteller Archäologie kann hier das Alltagsleben aufgrund von Grabungsfunden nachgelebt werden.

Wie in Diesdorf, so gründet Markgraf Otto I. von Brandenburg zu Weihnachten 1183 am hohen Südufer des Arendsees das Benediktiner-Nonnenkloster St. Marien, Johannis und Nikolai zur Missionierung seiner überwiegend wendischen Untertanen. Die religiöse und kulturelle Schulstätte entsteht an der schönsten Stelle des „Blauen Auges der Altmark", das heute auch mit Wassersport oder Schaufelraddampfer zur Erkundung einlädt. Von den Klostergebäuden sind außer dem als Heimatmuseum genutzten Krankenbau nur noch Ruinen erhalten. Der bedeutende, um 1240 abgeschlossene Backsteingroßbau der Klosterkirche zeigt jedoch heute noch seine volle Pracht. Die gewölbte Pfeilerbasilika auf kreuzförmigem Grundriß zeigt deutlich die Wünsche des Bauherrn nach einer Orientierung an den Lübecker Dom und die Altenburger Stiftskirche. Ein Jerichower Baumeister wußte diese Pläne des direkten kaiserlichen Stellvertreters in der Mark überzeugend umzusetzen und gab auch der Bauplastik hoheitliches Aussehen.

Das Bistum Verden an der Aller gründete in der nördlichen Altmark vor 1180 ein Kollegiatsstift der Augustiner bzw. Prämonstratenser zur Betreuung der örtlichen Pfarreien. Die erhaltene dreischiffige Backsteinkirche St. Nikolaus in Beuster entstand in der Spätromanik und gilt als einer der ältesten Backsteinbauten der Altmark. Aufgrund der Oberflächen des Backsteinmauerwerks wird angenommen, dass ursprünglich eine Verputzung des Innenraums geplant war, die möglicherweise in Form von Werkstein imitierendem Quaderputz erfolgen sollte. Zunächst verfügte der Bau über einen quadratischen Wehrturm, der erst im 14. Jahrhundert über dem Westende des Schiffs gemeinsam mit dem Westportal neu errichtet wurde. Die Barockisierung des Innenraums um 1720 wurde 1885 wieder rückgängig gemacht, so dass heute die drei romanischen Schiffe den Besucher in ihren Bann ziehen.

Weithin sichtbar überragt die Stadtkirche St. Petri die Altstadt von Seehausen in der Altmark. Die aufstrebende Hansestadt Seehausen lag schon immer an der Biese/Wische und an dem eingedeichten flachen Überflutungsgebiet der Elbe. Die repräsentative Hauptkirche wurde ursprünglich zwischen 1170 und 1200 als romanische Basilika errichtet. Aus dieser Zeit stammt auch das prächtige romanische Eingangsportal, das heute unter den Türmen im Innenbereich liegt. Seine Wirkung erzielt das Stufenportal durch den Wechsel von Farbe und Material aus Backstein und Sandstein. Zwischen 1450 und 1490 wurde St. Petri zu einer gotischen Hallenkirche

Der Ursprungsbau der Kirche St. Lorenz in Salzwedel entstand wohl im 10. Jahrhundert für die Burg zur Sicherung der alten Salzstraße zwischen Magdeburg und Lüneburg. Um die Burg entwickelte sich ein Marktflecken, der ab 1233 als städtisches Gemeinwesen belegt ist. In diese Zeit lässt sich auch der Bau der jetzigen Kirche einordnen, die als dreischiffige Basilika in spätromanischen Übergangsformen errichtet wurde und später gotische Gewölbe erhielt.

umgebaut. Dabei entstanden auch die imposanten, 62 Meter hohen Westtürme, die über weite Entfernung nach allen Seiten ins Land hinein grüßen. Ein Aufstieg auf die Türme zur ehemaligen Türmerwohnung in 45 Meter Höhe bietet einen herrlichen Panoramablick auf die Stadt Seehausen, das Elbtal und die nördliche Altmark. Bis 1958 und damit über 270 Jahre lang arbeiteten und lebten hier die Türmer mit ihren Familien in luftiger Höhe. Im Inneren der Kirche sind die barocke Kanzel aus dem Jahr 1710, die Lütkemüller-Orgel aus dem Jahr 1868 und der Holzschnitzaltar aus der Mitte des 15. Jahrhunderts zu bestaunen.

In der Siedlung oberhalb der Stelle, wo sich Havel und Elbe vereinigen, gründete der Sachsenkaiser Otto I. um 946 das Bistum Havelberg mit dem Ziel der Ausdehnung seines Reiches nach Osten und der Christianisierung der Slawen. Doch beim großen Wendenaufstand 983 geht dieser Vorposten wieder verloren und wird erst 1147 im „Wendenkreuzzug" zurückerobert. Dem von Bischof Anselm begonnenen und 1170 geweihten Domneubau St. Marien wird ein Prämonstratenser-Chorherrenstift angegliedert, das die Festigung und Ausdehnung des Bistums 350 Jahre lang bestimmt. Den Domkomplex umgibt die fast quadratische Bischofsstadt, die beide mit späteren Umbauten erhalten geblieben sind. Das Sedimentgestein der Grauwacke, das nordöstlich von Magdeburg gebrochen wurde, bestimmt den mächtigen, basilikalen Dombau mit dem schmalrechteckigen, aber monumental hohen wie breiten Westriegel und damit den gesamten Domberg.

Nach einem Brand 1279 wird das Dominnere zwar gotisch in Backstein überformt und gewölbt, jedoch ist die romanische Gliederung klar zu erkennen. Die reiche Ausstattung des weiten, im Mittelschiff 22 Meter hohen Kirchenraumes wird weitgehend vom 14. Jahrhundert bestimmt, wobei der Lettnerbereich mit den maßwerkgestalteten Chorschranken und der Triumphkreuzgruppe hervorzuheben ist. Aber auch die Klausurgebäude mit Kreuzgang an der Südseite des Doms beeindrucken durch ihre Größe. Als einer der wenigen vollständig erhaltenen Anlagen ihrer Art in Norddeutschland beherbergen sie heute das Prignitz-Museum. Vom Domberg aus ergibt sich auch der beste Überblick auf die eigentliche Inselstadt, die sich als Mitglied der Hanse durch Schiffsbau, Fischerei, Holz- und Salzhandel nährte. Als Relikt dieser spätgotischen Zeit lohnt ein

Das Kloster St. Marien, Johannis und Nikolai in Arendsee – hier die seeseitige Ruine neben der Klosterkirche – war wegen seiner besonderen Lage am hohen Südufer des gleichnamigen Sees eines der schönsten in Norddeutschland. Die religiöse und kulturelle Schulstätte der Benediktinerinnen entstand an der idyllischsten Stelle des „Blauen Auges der Altmark". Die nahegelegene, 1185 bis 1240 errichtete Backsteinkirche mit ihrem romanischen Taufstein, Museum und Klosterruine sowie der See laden zur Erkundung ein.

Die Streusandbüchse: Wanderungen durch die Altmark

Besuch des jährlich stattfindenden „Havelberger Pferdemarktes". Nochmals wurde der Stadt- und Dombereich im Rahmen der Bundesgartenschau 2015 für die Gäste gestalterisch aufgewertet, wozu auch die Gärten um den Dom gehören.

Elbaufwärts lassen sich im Elb-Havel-Winkel nun mehrere Backstein-Dorfkirchen aus dem Umfeld des ehemals das Gebiet bestimmenden Klosters Jerichow besuchen - geradezu als Pendant zu den westaltmärkischen Bruchsteinbauten: Sandau, Schönhausen, Wust, Melkow und Redekin. Die nahe Havelberg gelegene Ackerbürgerstadt Sandau besaß im Mittelalter strategische und wirtschaftliche Bedeutung als Elbübergang. Im 13. Jahrhundert mit Stadt- und Fährrecht ausgestattet, gelangte Sandau 1354 zum Erzbistum Magdeburg. Die vor 1200 errichtete Stadtkirche St. Laurentius/ St. Nikolaus, eine dreischiffige, flachgedeckte Pfeilerbasilika mit Stützenwechsel, gehört zu den bedeutendsten und größten Nachfolgebauten Jerichows.

Auch die 1212 geweihte Schönhausener Dorfkirche St. Marien und Willibrord steht in dieser Tradition. Wie in Sandau mit Westquerturm, der die Breite des Schiffes übertrifft, wurde der Innenraum nach Brand 1642 barock ausgestattet. Mittelalterlich ist noch das bedeutende spätromanische Triumphkreuz von 1235, das stilistisch in der Kreuzigungsgruppe des Halberstädter Doms seine Fortsetzung fand, und das Taufbecken um 1220, in dem auch der spätere Reichskanzler Otto von Bismarck 1815 getauft wurde. So bietet Schönhausen eine eindrucksvolle Verbindung hochrangiger mittelalterlicher Kunst und neuerer deutscher Geschichte. An die Bismarcks, die seit 1562 hier ihren Stammsitz hatten, erinnern die vielen Epitaphien, die Familiengruft in der Turmhalle und der weitläufige Park um die Kirche. Von dem darin befindlichen Stammschloss vom Beginn des 18. Jahrhunderts hat die Sprengung 1958 nur wenige Reste übrig gelassen. In einem Seitentrakt ist jedoch das Bismarck-Museum mit vielen Erinnerungsstücken an den eisernen Kanzler untergebracht, das mit dem Park und der Kirche einen Einheit bildet.

Das Dorf Wust ist ebenfalls mit der preußischen Geschichte eng verwoben. Seit 1380 einer der Hauptsitze der Familie von Katte hat Feldmarschall Graf Heinrich von Katte hier 1727 eine dreiflügelige Schlossanlage mit Park angelegt, die Anfang des 19. Jahrhunderts klassizistisch umgestaltet wurde. Ihr gegenüber erhebt sich die 1191 begonnene und ebenfalls von Graf Heinrich umgebaute

Das geistige Zentrum des Elbe-Havel-Winkels bildete im Mittelalter das Prämonstratenserkloster Jerichow. Überragt werden der Ort und die Landschaft von der mächtigen Doppelturmanlage der Klosterkirche, die als Pionierleistung der Backsteinromanik gilt und Vorbild für den Kirchenbau im gesamten altmärkischen Raum war. Trotz der jahrhundertelangen Nutzung als Staatsgut seit der Säkularisierung 1552 blieb die Gesamtanlage mit Kirche, Kloster und Klostermauer in seltener Geschlossenheit erhalten.

Der Dom St. Marien in Havelberg gehört zu den herausragenden Denkmalen an der Straße der Romanik. Der Bau der dreischiffigen Basilika begann um 1150, als Havelberg wieder Bischofssitz des von Otto I. gegründeten gleichnamigen Bistums sowie Prämonstratenserstift wurde. Von 1279 bis 1330 erfolgte der gotische Umbau des Mittelschiffs und des Hauptchors mit der Triumphkreuzgruppe aus der Zeit um 1280, dem 1400 entstandenen Sandsteinlettner und dem Chorgestühl aus der ersten Hälfte des 14. Jahrhunderts. Die romanische Gliederung des Dombaus ist jedoch klar zu erkennen.

Die Streusandbüchse: Wanderungen durch die Altmark

und neu ausgestattete Dorfkirche. Voll von Geschichte und Geschichten ist besonders der einfache Holzsarg, in dem 1730 Hans Hermann von Katte beigesetzt wurde, nachdem er nach dem missglückten Fluchtversuch mit dem Kronprinzen Friedrich (II.) von Preußen im Auftrag von dessen Vater geköpft worden war.

Wie Wust wurde auch die alte slawische Siedlung Melkow 1146 von Bischof Anselm von Havelberg dem Kloster Jerichow zugeordnet. Deshalb orientiert sich auch hier die Ende des 12. Jahrhunderts in Backstein errichtete Dorfkirche am Vorbild der Titularkirche. Der aus einem massiven Westturm, einem Saalbau und einem eingezogenen Chor bestehende schlichte Sakralbau besticht durch seinen kunstvollen Friesschmuck. Dem aufmerksamen Beobachter fallen zudem die vielen länglichen und runden Abschürfungen im Backstein, besonders um das Eingangsportal, auf. Sie sind nur aus der mittelalterlichen Gläubigkeit heraus zu verstehen und veranschaulichen den Versuch, durch Sammeln bzw. Einnehmen von Backsteinstaub des gesegneten Kirchengebäudes göttliche Hilfe zur Gesundung zu erlangen.

Das geistige, wirtschaftliche und politische Zentrum des Elbe-Havel-Winkels bildete im Mittelalter das Prämonstratenserstift Jerichow. Die alte slawische Fischersiedlung wird 1259 als Stadt genannt und besaß das Münz- und Elbzollrecht. Ihre Stadtkirche, ein schlichter spätromanischer Backsteinbau aus dem ersten Viertel des 13. Jahrhunderts, erhielt um 1700 seine jetzige geschlossene barocke Ausstattung aus Emporen, Gestühl und Kanzel. Überragt wird der Ort und die Elblandschaft jedoch von der mächtigen Doppelturmanlage der Klosterkirche. Als eines der Zentren der prämonstratensischen Ostmissionierung entstand hier nach Bestätigung durch König Konrad III. der erste monumentale Backsteingroßbau nördlich der Alpen. Der Sockel der Ostteile wird noch in Naturstein begonnen. Weil dieses Baumaterial in der Region jedoch selten und damit teuer war und die Magdeburger Grauwacke schon für den Prämonstratenser-Dom in Havelberg benötigt wurde, entschließt man sich zu neuen Wegen, die vielleicht aus der Lombardei in die Altmark führten. Und nicht nur das; sogleich beginnen die vielleicht selbst aus Oberitalien stammenden Bauleute, mit der formbaren Lehmmasse auch künstlerische Bauelemente in Norddeutschland zu kreieren. Trotz der jahrhundertelangen Nutzung als Staatsdomäne seit der Säkularisierung 1552 blieb die romanische Bausubstanz von Kirche, Kloster und Klostermauer bis in unsere Zeit erhalten. Insbesondere der frühe preußische Generalkonservator Ferdinand von Quast hat sich durch seine historisierende Sanierung der Kirche von 1853 bis 1856 verdient gemacht. Die dreischiffige, kreuzförmige, flachgedeckte Basilika, die zwischen 1148 und 1172 errichtet wurde, besticht durch die Größe des Raumes, die Klarheit der Formen und den einheitlichen Farbeindruck des Backsteins. Die Ruhe, die von ihm ausgeht, strahlt sofort auf den Besucher aus, der förmlich eintaucht in rote Farbe und quadratische Form. Von der mittelalterlichen Ausstattung ist kaum etwas erhalten geblieben, doch wirbt Jerichow erfolgreich mit der Geschlossenheit und dem Erhaltungszustand seiner Gesamtanlage. Südlich der Kirche schließen sich an den Kreuzgang die teils mit ursprünglichen Malereien geschmückten mittelalterlichen Mönchsräume wie Refektorien, Kapitelsaal und Dormitorium an. Das letztere beinhaltet ein Museum, das sich sehr eindrucksvoll mit der Geschichte des Klosters und des Prämonstratenserordens auseinandersetzt. Der ummauerte Stiftsbezirk ist nicht nur baulich entrümpelt, sondern als Park mit einem Klostergarten gestaltet, der den Besucher auch auf den Weg bis zur Elbe führt.

Um von Jerichow nach Redekin zu gelangen, sollte man den Umweg über Ferchland nicht scheuen. Das unscheinbare Dorf bietet mit seiner erhöhten Lage den schönsten Blick in die kurvenreiche Elbauenlandschaft, in der sich das Wasser weiträumige Bahnen sucht und Reiher in langsamen Flug dem Flusslauf folgen. Als Teil der Erstausstattung des Klosters Jerichow wird der Ort Redekin schon 1144 erwähnt. Auch seine um 1200 erbaute, nahezu unverändert erhaltene Backsteinkirche orientiert sich an der Mutterkirche. Als

Die Dorfkirche in Wust ist eine romanische Backsteinkirche, die 1191 begonnen wurde. Sie steht unter dem Einfluss der Kirche von Jerichow und besteht aus einem Schiff, eingezogenem quadratischen Chor und einer halbkreisförmigen Apsis. Hinter den Backsteinmauern verbergen sich Ausstattungsstücke vom Mittelalter bis zum Barock, wie hier Holzdecke, Orgel und Empore. Epitaphien in der Kirche und der Gruftbau östlich des Chores erinnern an die altmärkische Adelsfamilie derer von Katte.

seltenen Schatz hütet sie einen um 1150 gegossenen Bronzekruzifixus, der ursprünglich als Vortragekreuz genutzt wurde. Auch der Abstecher nach Altenplathow, einem Stadtteil von Genthin, dient einer bildhauerischen Besonderheit. Die Dorfkirche bewahrt den seltenen frühromanischen Figuren-Grabstein des aus slawischem Geschlecht stammenden, 1170 verstorbenen Magdeburgischen Lehnsmannes Hermann von Plotho.

Doch bevor man den Weg nach Süden sucht, soll auf die beiden alten Hansestädte Tangermünde und Stendal westlich der Elbe aufmerksam gemacht werden. Die Hansestadt Tangermünde, bis 1488 und vor Berlin erste Hauptstadt der Mark Brandenburg, besitzt einen vollständig erhaltenen Stadtkern aus barocken Bürgerhäusern in Fachwerk und gotischen Repräsentationsbauten in Backstein, wie das filigrane Rathaus, die überdimensionierte Stephanskirche und die fast vollständig erhaltene Stadtbefestigung. Denn der verheerende Stadtbrand von 1617 hat fast alle hölzernen Vorgängerbauten der Stadtbevölkerung vernichtet. Die Brandursache wurde der enterbten Patriziertochter Grete Minde angelastet, die daraufhin öffentlich verbrannt wird – eine berühmte literarische Umsetzung des Stoffes erfolgte im 19. Jahrhundert durch Theodor Fontane.

Auch die Hansestadt Stendal, die durch Handel mit Flandern und dem Ostseeraum und mit Tuchmacherei reich geworden war, besitzt herausragende gotische Backsteinbauten. Besonders qualitätvoll sind dabei der Dom, die Marktkirche und das Rathaus als Repräsentationsbauten, die im städtischen Freiheitsmonument der Rolandfigur auf dem Marktplatz ihren Höhepunkt finden. Der größte Sohn der Stadt, Johann Joachim Winckelmann, wird jedoch erst 1717 geboren und ging als Begründer der modernen Archäologie und Kunstgeschichte in die Annalen ein. Nicht nur, dass jedes Jahr an allen archäologischen Instituten der Welt Winckelmannfeiern zu seinem Geburtstag am 9. Dezember abgehalten werden, der französische Schriftsteller Henri Beyle, Verfasser des Romans „Die Kartause von Parma", benannte sich zu seinen Ehren nach 1806 Frederic de Stendhal.

Hier herrscht die erste Hauptstadt Brandenburg-Preußens, Tangermünde, über den Zusammenfluss der Tanger in die Elbe. Mit Stadtmauer, Stephanskirche (links), die zu den herausragenden Denkmalen der Backsteingotik gehört, und Burg in der Silhouette demonstrierte bereits Kaiser Karl IV. als Kurfürst in Tangermünde seinen Machtanspruch.

Die Streusandbüchse: Wanderungen durch die Altmark

Oberhalb der Stelle, wo sich Havel und Elbe vereinen, gründete der Sachsenkaiser Otto I. um 946 das Bistum Havelberg. Wie eine Festung beherrscht der 1170 geweihte Dom, dem ein Prämonstratenserstift angegliedert war, Stadt, Havel und Umland. Diese geistliche und weltliche Machtdemonstration war auch vonnöten, da von hier aus die große Slawenmissionierung des 12. und 13. Jahrhunderts durchgeführt wurde. Architekturgeschichtlich bedeutend ist der Westbau des Doms, ein ornament- und fensterloser wuchtiger Block (Bildmitte) mit einem Backsteinaufsatz für das Läute- und Glockengeschoss aus der Zeit um 1200. Er ist ein typisches Beispiel des Sächsischen Westriegels, eines querrechteckigen, das Langhaus überragenden Baukörpers, der im romanischen Kirchenbau Sachsens verbreitet ist.

Nach der Bestätigung durch König Konrad III. entsteht mit der Klosterkirche von Jerichow der erste Backsteingroßbau nördlich der Alpen. Aus Mangel an Natursteinen entschließen sich die Prämonstratenser zu diesem neuen Baumaterial, das eine Verbindung zu den romanischen Kirchen Oberitaliens herstellt. Die Größe des Raums, die Klarheit der Formen und die Einheitlichkeit der Farben beeindrucken ebenso wie die abgebildete sechzehneckige Sandsteintaufe aus der ersten Hälfte des 13. Jahrhunderts mit seinem naturalisierten Blattwerk. Zu verdanken hat man das der frühen Restaurierung durch den ersten preußischen Generalkonservator Ferdinand von Quast zwischen 1853 und 1856.

Die Magdeburger Börde: im Zentrum des deutschen Reichs

Das mitteldeutsche Niederungsland um Magdeburg, gerahmt von den Flüssen Elbe, Saale, Bode und Ohre, erhielt seine Größe und Gestalt in der letzten Eiszeit. Ein gewaltiger Eispanzer schob sich über das Gebiet hin und hobelte es glatt. Zurück blieb eine bis zwei Meter starke Lösschicht, die sich in der folgenden Steppenvegetation zu einer tiefgründigen Schwarzerde verwandelte. Das Landschaftsbild ist scheinbar unendlich flach, aber der Boden auch unendlich fruchtbar. Die schwarzen Äcker werden mit dem Bodenwert „100" geführt, dem besten Boden Deutschlands. Der Name „Magdeburger Börde" taucht zwar erst im 14. Jahrhundert als Rechts- und Steuerbezirk auf, steht seit dem 19. Jahrhundert aber für landwirtschaftlichen und frühindustriellen Reichtum. Als zweites landschaftsbildendes Kennzeichen gesellen sich nämlich nach 1850 Fabrikbauten hinzu. Die „industrielle Revolution" Preußens beginnt hier, von der Verarbeitung der bördeländischen Rüben zu Zucker durch Matthias Christian Rabbethge bis zu den frühen Maschinenbaubetrieben Hermann Grusons und Rudolf Ernst Wolfs. Der oft missverstandene Satz „Machdeburch - da mußde durch" weist noch um 1920 denn auch auf die wirtschaftliche Bedeutung der Magdeburger Börde hin, über die kein Weg von Hannover nach Berlin vorbeiführt.

Obwohl Ruine oder vielleicht gerade deshalb lässt die Stiftskirche der Benediktinerabtei Walbeck über dem Flüsschen Aller, auf halber Strecke zwischen Braunschweig und Magdeburg, bereits das Können frühmittelalterlicher Baukunst spüren. Gleichzeitig versetzt die imposante Anlage mit seinen beiden mächtigen Triumphbögen auf dem Hügel über dem gleichnamigen Dorf den Besucher in eine romantische Stimmung. Als Sühne für eine Verschwörung gegen Kaiser Otto I. stiftete Graf Lothar II. von Walbeck bereits 942 das Bauwerk auf seinem Burggelände. Er platzierte die Kirche St. Marien so, dass sie auch als Flankenschutz für seine Befestigungsanlage dienen konnte. Die vom 11. bis 13. Jahrhundert erweiterte Kirche war eine flachgedeckte Basilika mit einem wenig ausladenden Querhaus und einem rechteckigen Chor. Als eine der wenigen überkommenen Kirchenbauten der Ottonik war sie Haus- und Grabkloster der Walbecker Grafen. Die 1934 bei Grabungen in der Kirchenvierung gefundene stuckierte Grabplatte des Stifters Lothar wird seitdem in der Walbecker Dorfkirche St. Michaelis präsentiert.

Weiter östlich, im ebenfalls romantischen Tal der Beber liegt die kleine, von einem Friedhof umgebene Stephanuskapelle am Rande des gleichnamigen, ehemals der Familie von

Die bereits 942 gestiftete und vom 11. bis 13. Jahrhundert erweiterte ottonische Kirche in Walbeck überragt noch als Ruine die Landschaft an der Aller. Als eine der wenigen überhaupt erhaltenen ottonischen Bauten wurde sie als Sühne von Graf Lothar II. von Walbeck, dem Großvater Bischof Thietmars von Merseburg, vor über 1000 Jahren errichtet.

Alvensleben gehörenden Ortes Bebertal. Sie befindet sich an der ältesten, schon im 10. Jahrhundert bestehenden Kaufmanns- und Handwerkersiedlung des aus vier Dörfern gebildeten Ortes. Die dazugehörige Kapelle wurde vom ersten Halberstädter Bischof Hildegrim von Chalons gegründet, von dem überliefert ist, dass er in seinem Gebiet 35 Missionskirchen unter dem Patronat des heiligen Stephanus erbaut hat. In ihrer Grundsubstanz ottonisch erhielt das altertümlich anmutende Kirchlein in der ersten Hälfte des 19. Jahrhunderts ihre heutige Gestalt.

Der Beber folgend gelangt man zu dem Dorf Hundisburg, an dessen höchster Stelle sich die 1196 den Erzbischöfen von Magdeburg überlassene Rundburg mit einem Gesamtdurchmesser von 150 Metern erhebt. Überragt werden die Gutsanlagen von dem neuen, vom Barockbaumeister Hermann Korb im Auftrag von Johann Friedrich von Alvensleben von 1694 bis 1702 errichteten barocken Schloss. Zu Füßen der 1945 teilweise ausgebrannten Gebäude breitet sich eine barocke Parkanlage aus, die nach 1760 durch einen Landschaftspark im damals modernen englischem Stil ergänzt wurde. Schloss wie Park wurden nach und nach zu einem Gartentraum wieder hergestellt, so dass man sich heute wieder den Philosophen Gottfried Wilhelm Leibniz als berühmtesten Besucher 1704 lustwandelnd in Bibliothek und Garten vorstellen kann. In der Nähe des Schlossbezirks befindet sich die Wüstung Nordhusen. Einzig die mächtige Breitturmruine der um 1200 errichteten Dorfkirche lokalisiert noch den aufstrebenden Ort. Eingebettet in das Landschaftsbild scheint sie für die englische Ruinenromantik des 19. Jahrhunderts gebaut zu sein. Vom Ende desselben Jahrhunderts stammt die alte Hundisburger Ziegelei, die als technisches Denkmal auch weiterhin Ziegelsteine, -ornamente und -platten nach alter Tradition herstellt.

Durch den Haldensleber Forst, der mit 84 Großsteingräbern ein in Mitteleuropa einmaliges Relikt der Jungsteinzeit bereit hält, gelangt man nach Hillersleben. Die am Wege liegende Stadt Haldensleben, vermutlich eine von Heinrich dem Löwen in Konkurrenz zu Magdeburg gegründete Kaufmannssiedlung, lädt jedoch auch zu einem Besuch ein - nicht nur wegen seines einmaligen Roland-Standbildes zu Pferd und seines Museums mit dem Nachlass der Gebrüder Grimm. Das schon in der zweiten Hälfte des 10. Jahrhunderts bestehende Kloster St. Laurentius in Hillersleben wurde 1022 von Erzbischof Gero von Magdeburg als erzbischöfliches Eigenkloster erneuert. In den Auseinandersetzun-

Von der Wüstung Nordhusen bei Hundisburg hat sich einzig der mächtige Breitturm der um 1200 errichteten Dorfkirche erhalten. Eingebettet in das Landschaftsbild, scheint er für die Ruinenromantik des 19. Jahrhunderts gebaut zu sein. Zur Zeit der Romanik bildeten Menschen, Architektur und Landschaft eine natürliche Einheit, was sich noch heute in den Dörfern der Altmark und Börde erspüren läßt.

Die Magdeburger Börde: im Zentrum des deutschen Reichs

Das von Erzbischof Gero von Magdeburg gestiftete Kloster in Hillersleben wurde ab 1180 neu aufgebaut. Die Wirkung der imposanten romanischen Anlage mit ihren zwei hohen und schmalen Türmen innerhalb der Magdeburger Börde ist bis heute gleich geblieben.

gen des Erzstiftes mit Heinrich dem Löwen wurde die Anlage 1179 zerstört, aber das Benediktinerinnenkloster gleich darauf wiederaufgebaut. Aus jener Zeit hat sich vor allem der Kern der dreischiffigen Pfeilerbasilika erhalten. Unter Abt Heinrich werden um 1260 umfassende Erneuerungen vorgenommen, die wie auch die neoromanischen Restaurierungen im 19. Jahrhundert die Klosterkirche geprägt haben. Die Wirkung des mittelalterlichen Großbaus inmitten des Dorfes und der flachen Bördelandschaft ist imposant geblieben. Schon von weitem, auch aus der nahen Colbitz-Letzlinger Heide, sind die beiden Kirchtürme der Hillerslebener Westfassade ein Orientierungspunkt geblieben.

Der benachbarte, 965 erstmals erwähnte Ort Groß Ammensleben war Familiengut der Grafen von Hillersleben, bis diese 1124 nebenan das Kloster einrichteten. Das von Papst Honorius II. 1110 bestätigte Ammenslebener Stift wurde bereits 1120 in ein Benediktinerkloster umgewandelt. Da es von Anfang an unter Aufsicht des der „Hirsauer Reform" verbundenen Klosters Berge bei Magdeburg stand, lassen sich auch Einflüsse der „Hirsauer Bauschule" in Groß Ammensleben verfolgen. Die 1135 vom Magdeburger Erzbischof Konrad und vom Havelberger Bischof Anselm gemeinsam geweihte Kirche St. Peter und Paul ist eine querschiffslose, ursprünglich flach gedeckte Pfeilerbasilika. Das erhaltene romanische Schmuckwerk lässt auch den Einfluss der Steinmetze von Königslutter erkennen. Die zweite große Prägung hat der spätgotische Umbau zwischen 1518 und 1543 hinterlassen, insbesondere die niedrig ansetzende Einwölbung des Mittelschiffs. Das Kloster überstand als eines der wenigen Konvente des Erzbistums und Herzogtums Magdeburg die Reformation und behielt bis 1804 einen katholischen Konvent. Schon 805 wird sie im Diedenhofener Kapitular Karls des Großen als Sitz eines karolingischen Grenzpostens genannt, doch erst der sächsische Kaiser Otto der Große hat sie berühmt gemacht: die Stadt Magdeburg. Die günstige Lage an der Elbe, an der Grenze zwischen Sachsen und Slawen, lässt die erste Siedlung rasch zu einem Fernhandelsplatz werden. Diesen schenkt Otto I. seiner ersten Gattin, der englischen Königstochter Editha, als Ehegabe. Als Ausdruck der erstarkten sächsischen Hausmacht und als Zeichen seines Expansions- und Missionierungswillens schafft er es, dass 968 auf der Synode im italienischen Ravenna die von ihm gegründete Klosterkirche zur Metropolitankirche und sein Herrschaftsgebiet mit dem neuen Sitz Magdeburg zum Erzbistum erhoben wird. Als Bistümer werden dem neuen Erzstift die Suffragane Merseburg, Meißen, Zeitz (später Naumburg), Havelberg und Brandenburg zugeordnet. Damit beginnt erst der Aufstieg der Stadt von der Handelssiedlung zur heutigen Hauptstadt Sachsen-Anhalts. Zu Zeiten der Ottonen wird Magdeburg neben Konstantinopel sogar als „Drittes Rom" bezeichnet, was seine damalige Bedeutung unterstreicht.

Aus der Hand der sächsischen Kaiser geht Stadt, Land und Macht schon im 11. Jahrhundert an die Erzbischöfe über. Diese erobern unter dem Hl. Norbert von Xanten und dem Prämonstratenserorden die Gebiete östlich der Elbe, die unter den Ottonen schon einmal zum deutschen Reich gehört hatten. Aber auch die Bürgerschaft erkämpft sich städtische Freiheiten, insbesondere im Handels- und Handwerksbereich. Gerade das Ende des 13. Jahrhunderts aufgestellte „Magdeburger Recht" erhält durch Magdeburgs Mitgliedschaft in der Hanse weite Verbreitung im Ostsee- und Osteuroparaum bis Nowgorod. Die schon 1521 gegen den Willen des Mainzer und Magdeburger Erzbischofs Albrecht von Brandenburg in Magdeburg eingeführte Reformation setzt 1631 dem Aufstieg der Stadt einen vorläufigen Endpunkt. Im religiös geprägten Dreißigjährigen Krieg (1618–1648) wird die Stadt von den kaiserlichen Truppen unter den Generälen Tilly und Pappenheim geplündert, weitgehend zerstört und entvölkert. Seit 1666 brandenburg-preußisch erwacht die Provinz- und Festungsstadt Magdeburg erst wieder zu Beginn der Industrialisierung zu ihrer alten Größe. Seit 1850 expandiert die Stadt als Schwermetall- und Wohnstandort in großem Stil. Leider haben die Luftangriffe vom Januar 1945 die nach 1631 wiederaufgebaute barocke Altstadt bis auf wenige Reste zerstört.

Am Rande der mittelalterlichen Siedlung stiftete der seit 936 als deutscher König regierende und zum Kaiser gekrönte Otto I. im Jahre 937 das Benediktinerkloster St. Mauritius, das er mit Reformmönchen aus St. Maximin in Trier besetzte. Der Hl. Adalbert von Trier wird dann 968 erster Metropolitan des

Das Familiengut der Grafen von Hillersleben in Groß-Ammensleben wird ab 1120 in ein Kloster umgewandelt. Die benediktinische Hirsauer Reform lässt sich auch an den Bauformen der 1135 geweihten Benediktinerkirche ablesen. An der Gestaltung des Bauschmucks waren auch Steinmetze von der Stiftskirche Königslutter, die Kaiser Lothar III. gestiftet hat, beteiligt.

neu geschaffenen Erzbistums. Nach dem Sieg Ottos I. gegen die nach Mitteleuropa vordrängenden Ungarn im Jahre 955 ist seine Königsmacht gefestigt, und diese benötigt einen neuen architektonischen Ausdruck. In Magdeburg entsteht eine prachtvolle Kaiserpfalz, deren Reste bis heute nicht gefunden wurden. Und der den Heiligen Mauritius und Katharina geweihte Kirchenbau wird über dem Grab seiner 946 verstorbenen ersten Gemahlin Editha eingeweiht. Erhalten haben sich aus dieser und der romanischen Zeit der südliche Kreuzgang, Teile der Ostkrypta, Säulen und Kapitelle, die im Remter und im Domchor verbaut sind, sowie archäologische Reste einer zweiten Kirche auf dem heutigen Domplatz. Gerade diese antiken Säulen hatte Otto wie sein Vorgänger Karl der Große in einer imperialen Geste aus Italien hergeschafft, wo sie selbst in der römischen Antike teilweise aus Ägypten importiert worden waren. Noch 250 Jahre später werden im neuen gotischen Dom die großen monolithischen Säulen aus Marmor, Porphyr und Granit dann wie kaiserliche ottonische Reliquien in die Architektur des hohen Chores eingebaut.

Denn schon 1207 brennt der ottonische Dom nieder. Der von Erzbischof Albrecht II. von Kefernburg, der in Paris studiert hatte, 1209 im Chor begonnene und 1520 mit den Westtürmen vollendete Neubau des Doms ist trotz seiner östlichen Lage der erste gotische Kathedralbau nach französischem Vorbild, einer der wenigen im Mittelalter, nach dreihundertjähriger Bauzeit vollendeten deutschen Kirchengroßbauten und eine der größten Kirchen auf deutschem Boden. Dem zweitürmigen Westbau schließt sich ein dreischiffiges Langhaus mit Querschiff an, das seine Vollendung in einem Umgangschor mit Kapellenkranz findet. Die Türme ragen 103 Meter in die Höhe, im Mittelschiff zählt die Kathedrale 120 Meter in der Länge und 37 Meter in der Breite. Von der sächsischen Spätromanik, über die französische Hochgotik bis zur deutschen Spätgotik kann hier Architekturgeschichte nachgelesen und nachvollzogen werden.

Aber auch die Ausstattung des Doms besticht durch ihren Reichtum und ihre Qualität. Da gibt es im Erdgeschoß des Chorumganges die erlesensten pflanzlichen und figürlichen Kapitelle der Spätromanik in Deutschland und die beiden Bronzegrabmäler der Erzbischöfe Wichmann von Seeburg und Friedrich von Wettin aus der zweiten Hälfte des 12. Jahrhunderts. Sie sind Hauptwerke der hochromanischen Bildhauerkunst, als die berühmte „Magdeburger Gießhütte" von Mitteldeutschland bis nach Polen ihre Werke

Die Magdeburger Börde: im Zentrum des deutschen Reichs

exportierte. Auch der Braunschweiger Löwe wurde von ihnen im Hohlgussverfahren, das seit der Antike in dieser Größe nicht mehr gelungen war, aus Bronze gegossen. Hier haben wir im Langhaus die sechzehneckige Heilig-Grab-Kapelle mit der ausdrucksstarken Figurengruppe eines Herrscherpaares um 1250, das als Otto und Editha bzw. als Christus und Ekklesia gedeutet wird, und in der Westvorhalle das Bronzegrab Erzbischofs Ernst von Sachsen, das 1495 von dem berühmtesten Gießer seiner Zeit, vom Nürnberger Peter Vischer dem Älteren, am Übergang von Spätgotik zu Renaissance geschaffen wurde. Die am nördlichen Querhaus angebaute Paradies-Vorhalle birgt das um 1250 geschaffene Jungfrauenportal als die neben Bamberg bedeutendste frühgotische Steinmetzarbeit in Deutschland. Und das Querhaus dahinter verwahrt das 1929 von Ernst Barlach geschaffene Denkmal für die Gefallenen des Ersten Weltkriegs, das auch Ausgangspunkt der sanften deutschen Revolution von 1989 in Magdeburg gewesen ist. Ganz bescheiden zeigt sich dann noch das Grab Kaiser Ottos I. vor dem Hochaltar seiner Kathedrale, ein Sarkophag aus sächsischem Stuck mit einer aus Italien stammenden antiken Marmorplatte. Über Domapsis und Remtergang, wo sich auch das älteste erhaltene, spätmittelalterliche Wohnhaus der Stadt mit den berühmten Neidköpfen befindet, hinweg kann der Besucher die Gesamtroute und -geschichte der Straße der Romanik im Haus der Romanik in Kurzform „abfahren" und als Ausstellung im Überblick bildlich erfassen.

In Sichtweite des Doms über den weiten barocken Domplatz hinweg hat sich ein weiteres bedeutendes mittelalterliches Ensemble erhalten, das Kloster Unser Lieben Frauen. Von Erzbischof Werner wurde es um 1070 in rheinisch-romanischen Formen erbaut, die der Bauherr durch seinen Bruder, Erzbischof Anno von Köln, schätzen gelernt hatte. Doch erst sein Nachfolger auf dem Bischofsthron, Norbert von Xanten, machte das Kloster über die Grenzen Magdeburgs hinaus berühmt. Er errichtete hier 1129 das zweite Mutterkloster des von ihm in Prémontré, im Osten Frankreichs, gegründeten Reformordens der Prämonstratenser. Von hier aus organisierten er und seine Nachfolger mit sechzehn Tochtergründungen, darunter Havelberg, Jerichow und Leitzkau, die Missionierung des ostelbi-

Wer steht in diesem Raum nicht voller Ergriffenheit? Der Magdeburger Dom ist eine der großartigsten und größten Kirchen Deutschlands; das Mittelschiff zählt 120 Meter in der Länge und 37 Meter in der Höhe. Aus seiner von der Spätromanik bis zur Spätgotik reichenden Formensprache spricht jedesmal höchste künstlerische Qualität.

schen Raums. Norbert verstarb 1134 und wurde in der Krypta der Liebfrauenkirche beigesetzt. Erst 1582 wird er von Papst Gregor VIII. heiliggesprochen. Da sich in Magdeburg die Reformation durchsetzt, werden die Gebeine von den Prämonstratensern 1626 in das Prager Kloster Strahow überführt; die wieder inszenierte Grabkammer in Magdeburg bietet sich dem Besucher heute leer. Über ihr erhebt sich die dreischiffige Pfeilerbasilika, die um 1230 unter dem Eindruck des Domneubaus frühgotische Gewölbe statt der Flachdecke erhielt. Außerdem wurden den romanischen Wänden und Pfeilern ein System von Blendarkaden und Diensten nach dem neuesten Geschmack als eine „zweite Haut" vorgelegt. Die Zerstörungen von 1945 wurden in Kirche, Kreuzgang und Kloster weitgehend getilgt, so dass sich das Kloster als Museum und als Konzerthalle, benannt nach dem in Magdeburg geborenen Barockkomponisten Georg Philipp Telemann, in mittelalterlicher Größe darbietet. Einzigartig verbinden sich so mittelalterliche Architekturen und zeitgenössische Kunstausstellungen zu einer harmonischen Einheit.

Ebenfalls nicht weit vom Dom entfernt, in Sichtachse des Westportals, befindet sich das 1015 von Erzbischof Gero gegründete Kollegiatstift St. Sebastian, die heutige katholische Bischofskirche von Magdeburg. Von der romanischen Pfeilerbasilika um 1150 haben sich die Grundstrukturen, das Querschiff und der wehrhafte Westbau mit der Doppelturmfassade erhalten. Ende des 14. Jahrhunderts wurde ein langgestreckter gotischer Chor hinzugefügt und im 15. Jahrhundert nach neuem Zeitgeschmack die Basilika zur Hallenkirche umgebaut. Zwischen Stiftskirche und Breitem Weg, der bereits mittelalterlichen Handelsachse durch die Stadt, sowie Dom und Domplatz wurde 1921/23 von der Weimarer Republik eine monumentale Zweigstelle der Reichsbank errichtet. Hier werden ab 2018 die kunsthistorischen und archäologischen Relikte der mittelalterlichen erzbischöflichen Reichsgeschichte im Dommuseum Ottonianum Magdeburg (DOM) ausgestellt.

St. Petri am Ufer der Elbe – noch hinter dem Marktplatz mit dem Magdeburger Reiter von 1250, dem ältesten freistehenden nachantiken Reiterdenkmal – ist heute katholische Pfarr- und Universitätskirche. Und auch hier wurde der romanische Bau Anfang des 15. Jahrhunderts zu einer dreischiffigen Halle mit polygonalem Chor erweitert. Vom Gründungsbau stammt der massive Westturm aus Bruchsteinquadern. Das Äußere der 1945 stark zerstörten und bis 1972 wiederaufgebauten Kirche besticht vor allem durch die Reihung von jeweils fünf quergestellten Giebeln über den Seitenschiffen, eine Konstruktionsweise, wie sie für Magdeburger Kirchen im Mittelalter gebräuchlich war. Eingebettet zwischen der evangelischen Wallonerkirche und der mittelalterlichen Magdalenenkapelle verdeutlicht dieses Kirchenensemble über dem Elb- und Fischerufer ausschnitthaft die wirtschaftliche Bedeutung der Stadt Magdeburg in Mittelalter und Neuzeit.

Magdeburg sollte man jedoch nicht verlassen, ohne seine Landschaftsgärten entlang der Elbe besucht zu haben. Durch Peter Joseph Lenné entsteht von 1824 bis 1829 der Kloster-Berge-Garten als erster Volkspark Deutschlands, auf dem Gelände des von Otto I. umgesiedelten und um 1800 zerstörten ehemaligen Domklosters, dem Benediktinerkonvent St. Johannis zum Berge. Neben dem klassizistischen Gesellschaftshaus, das Karl Friedrich Schinkel entwarf, befindet sich hier das 1896 von dem Industriellen Hermann Gruson angelegte monumentale exotisch-botanische Gewächshaus. Auf der anderen Elbseite, dem Kloster-Berge-Garten gegenüber, breitet sich der Rotehornpark des 19. Jahrhunderts auf der Insel zwischen Alter und Strom-Elbe aus. In seiner Mitte wuchs zur Deutschen Theaterausstellung von 1926 ein expressionistisches Gebäudeensemble nach Entwurf des Architekten Albinmüller hervor, das aus dem Pferdetor, dem Aussichtsturm und der schon 1921 von Johannes Göderitz erbauten Stadthalle besteht. Weiter nördlich, ebenfalls an die Elbe angelehnt, erstreckt sich der Herrenkrugpark, der 1825 von Lenné begonnen und mehrfach erweitert wurde. Aus der Jahrhundertwende haben sich das Ausflugsrestaurant und die Pferderennbahn erhalten. Und von hier aus lässt sich die weite Elbauenlandschaft zum einen durch ausgedehnte Spaziergänge in das Naturschutzgebiet „Biederitzer Busch" sowie in den zur Bundesgartenschau 1999 angelegten Elbauenpark erschließen.

Von der Großstadt geht es wieder in die ländlich und landwirtschaftlich geprägte Börde, die jedoch bedeutende mittelalterliche Denkmäler zu bieten hat. An der früheren Heerstraße von Magdeburg nach Hadmersleben befindet sich eine der größten und gut erhaltenen Niederungsburgen Europas: die Burg Wanzleben. Sie wurde als Rundburg im 12. Jahrhundert mit doppelten Gräben und Wällen angelegt und bis 1583 immer wieder ausgebaut. Der imposante romanische Bergfried aus dem 13. Jahrhundert ist 30 Meter hoch und überragt das gleichnamige Bördestädtchen. Die bereits 889 als Besitz des Klosters Gandersheim erwähnte Anlage gehörte seit 1373 den Magdeburger Erzbischöfen und dann bis 1945 dem Königreich Preußen als Domäne. Nachkommen der letzten Domänenpächter haben die im 18. und 19. Jahrhundert als Wohn- und Wirtschaftsgebäude umgebaute Burganlage erworben und ab 1996 als Hotel-, Restaurant- und Wohnanlage saniert.

Nördlich des Feuchtgebiets des Großen Bruchs liegt Seehausen/ Börde, das von 890 bis 1207 Sitz eines Gaugrafen war. Die erstmals 1148 erwähnte Dorfkirche St. Peter und Paul ist eine der seltenen, vollständig erhaltenen romanischen Bruchsteinkirchen in ausgewogener Proportion. An einen Breitturm mit Satteldach schließt sich ein gleichbreites Schiff mit eingezogenem Chor und nochmals eingezogener Apsis an. Unweit davon bietet das Wasserschloss Ummendorf mit seinen Musterpflanzungen an Gewürzen und Getreiden und seinem Museum mit technischem Gerät den besten Einblick in die Landwirtschaftsgeschichte der reichen Börde.

Am Übergang der Heerstraße nach Magdeburg über die Bode gründete der Halberstädter Bischof Bernhard 961 das Benediktinerinnen-Kloster St. Peter und Paul in Hadmers-

Die Magdeburger Börde: im Zentrum des deutschen Reichs

leben. Der heutige Kirchenbau aus Westturmanlage, Saalbau und Dreichoranlage stammt weitgehend aus der Zeit zwischen 1060 und 1180. Von besonderer architektonischer Bedeutung ist die dreischiffige Hallenkrypta unter der Nonnenempore. Die einheitliche Ausstattung mit Altären und Kanzel aus der Zeit um 1700 wurde teilweise von der Paderborner Nonne Gertrud Gröninger geschnitzt, ein Beispiel weiblicher künstlerischer Emanzipation. Eingebettet ist die Kirche in die ursprüngliche Kloster-, Guts- und Kirchhofanlage, die im Groben auch die Domänen- und Produktionsgenossenschaftszeiten überdauert haben.

Graf Siegfried ließ 936 in seinem Hof in Kloster Gröningen an der Bode ein Benediktinerkloster einrichten und von Kloster Corvey aus besiedeln. Die heutige Kirche, eine flachgedeckte Pfeilerbasilika, stammt vom Anfang des 12. Jahrhunderts und ist damit gleichaltrig mit der Quedlinburger Stiftskirche. Wie in Ilsenburg und Drübeck ist die romanische Kirche St. Vitus nur verstümmelt zu erleben. Seitenschiffe, Nebenchöre und Apsiden sind verschwunden, nur die Langhausarkaden mit dem „Niedersächsischen Stützenwechsel", abwechselnd aus zwei Säulen und einem Pfeiler bestehend, ist in der Vermauerung erhalten geblieben. Als Seltenheit nördlich des Harzes gilt der Vierungsturm, den man auch am Kaiserdom Königslutter wiederfindet. Mit den Schmuckformen Quedlinburgs verwandt sind die reichen Bänder und Reliefs der Kapitelle des Innenraums. Von großer Seltenheit ist die um 1170 entstandene Brüstung der Westempore, die den Kirchenraum dominiert. Aus mittelalterlichem Stuck geformt thronen dort in Halbplastik Christus auf dem Regenbogen und die zwölf Apostel mit aufgeschlagenen Büchern. Das Original befindet sich heute im Bodemuseum zu Berlin, doch lässt die ergänzte und bemalte Replik vor Ort den ursprünglichen Eindruck noch besser erkennen. Die im sächsischen Raum beheimatete seltene mittelalterliche Stuckplastik hat nur wenige vollständige Beispiele überliefert, die bedeutendsten sind diese Empore aus Kloster Gröningen und die Chorschranken der Halberstädter Liebfrauenkirche.

Eine der seltenen, vollständig erhaltenen Bruchsteinkirchen steht in Seehausen/Börde: An einen Breitturm schließt sich ein gleich breites Schiff mit eingezogenem Chor und nochmals eingezogener Apsis an. Typisch für die erhaltenen romanischen Dorfkirchen in Sachsen-Anhalt ist jedoch nicht nur ihre in den Proportionen ausgewogene Architektur, sondern ihre vollkommene Einbindung in die sie umgebende Landschaft.

Der Halberstädter Bischof Reinhard bemühte sich, die Klöster in seinem Bistum zu reformieren und das geistliche Leben durch Neugründungen zu verbessern. So entstand um 1107 in Osterwieck ein Augustiner-Chorherrenstift, das er aber bereits 1111 nach Hamersleben verlegte. Die dem heiligen Pankratius geweihte Klosterkirche gehört zu den bedeutendsten romanischen Sakralbauten Mitteldeutschlands. Der Grund- und Aufriss orientiert sich am „Hirsauer Bauschema". Die dreischiffige, flachgedeckte Basilika nimmt als reiner Säulenraum im Harz eine Sonderstellung ein. Die Würfelkapitelle des Langhauses sind überzogen mit Kampfszenen, Fabelwesen, Heiligen und Ranken in bester romanischer Bildhauerqualität. Die saubere Bearbeitung aller Sandsteinteile, die architektonische Klarheit des Raums und die Vielfalt der Bauornamentik stellen neben den Stiftskirchen von Quedlinburg und Königslutter einen Höhepunkt mitteldeutscher Baukunst des 12. Jahrhunderts dar. Man kann sich bei dieser Bauqualität gut vorstellen, dass einer der ganz großen theologisch-philosophischen Denker des Mittelalters, Hugo von Saint Victor, der als Sohn des Grafen Konrad von Blankenburg geboren wurde und im 12. Jahrhundert die Pariser Universität prägte, aus diesem Augustinerkonvent in heute abgelegener sächsischer Landschaft stammen sollte. Auch hier in Hamersleben ist die Kirche in den ehemaligen Kloster- und Wirtschaftskomplex der Augustiner trotz Verstümmelung und Umbauten bis heute eingebunden. Die Kirche selbst ist noch von einer eigenen Mauer mit dahinter verborgenem Garten umschützt. Bei Eintritt durch eine niedrige Mauerpforte kann man sich des Gefühls einer Paradiesvision kaum erwehren.

An der Bode gründete der Halberstädter Bischof Bernhard 961 das ottonische Benediktinerinnenkloster St. Peter und Paul in Hadmersleben. Unter der heutigen romanischen Kirche hat sich eine im mitteldeutschen Raum seltene dreischiffige Hallenkrypta unter der Nonnenempore erhalten.

Die Magdeburger Börde: im Zentrum des deutschen Reichs

In Sichtweite des Magdeburger Doms hat sich ein weiteres bedeutendes mittelalterliches Ensemble erhalten, das Kloster Unser Lieben Frauen. Es wurde von Erzbischof Werner ab 1063 in rheinisch-romanischen Formen erbaut. Als Norbert von Xanten, der Gründer des Prämonstratenserordens, auch Erzbischof von Magdeburg wurde, übereignete er es 1129 seinem Orden als zweites Mutterkloster neben dem ostfranzösischen Prémontré. Von hier aus organisierten er und seine Nachfolger die Eroberung und Missionierung der slawischen Gebiete Ostelbiens. Der zweigeschossige, aus grauen bis grüngrauen Sandsteinen, sogenannten Grauwacken, gemauerte Kreuzgang mit dem Brunnenhaus im Klostergarten beherbergt das Kunstmuseum Kloster Unser Lieben Frauen, den wichtigsten Ort für die Präsentation zeitgenössischer Kunst in Sachsen-Anhalt – und das in romanischen Räumen.

Die Magdeburger Börde: im Zentrum des deutschen Reichs

Die Skulpturengruppe der klugen und törichten Jungfrauen beherrscht unter dem Tympanon mit der Grablegung und Himmelfahrt Mariens die Paradiespforte am Magdeburger Dom. Die um 1250 nach französischem Vorbild geschaffenen Figuren beeindrucken noch heutige Betrachter mit ihrer expressiven Gestik und Mimik. Auch Haare und Gewänder zeugen von höchster frühgotischer Bildhauerkunst. Gerade die fünf törichten Jungfrauen beklagen ihr Leid herzzerreißend, da sie die Ankunft Gottes nicht mit einer brennenden Ölschale geleuchtet, sondern verschlafen haben. Eine von ihnen hat bis zum heutigen Tag nicht den Ruf Gottes, der Zeit und ihrer Kolleginnen gehört.

Das Harzgebirge: auf den Spuren von Königen und Kaisern

„Harz, du Muttergebürg, welchem die andre Schar/ wie der Eiche das Laub entsproßt,/ Adler zeugst du dir hoch auf der Felsenhöh'/ und dem Dichter Begeisterung", schwärmt der Romantiker Novalis, der als Friedrich von Hardenberg 1772 in Oberwiederstedt bei Hettstedt geboren wurde. Aber auch andere deutsche Schriftsteller des 18. und 19. Jahrhunderts ließen sich von der Harzlandschaft gefangen nehmen. Klopstock und Gleim, Goethe und Heine, Eichendorff und Fontane streiften durch das seit dem Mittelalter von

Der Halberstädter Dom St. Stephanus und St. Sixtus liegt eingebettet in ein Ensemble romanischer, neogotischer und moderner Bauten am Rande der Altstadt – vor 1945 das größte Fachwerkensemble Deutschlands. Der Dom wurde von 1236 bis 1491 in seiner jetzigen, gotischen Form erbaut, weist aber auch noch romanische Elemente auf und besaß einen karolingischen und ottonischen Vorgänger.

Sagen und Legenden über Hexen und Teufel verrufene Gebirge. Durch die Lage mitten im weiten Tiefland, als rasch wechselnde Wetter- und Wasserscheide wirkte der Harz noch beeindruckender und rätselhafter. Als deutschester aller Berge hat sich dabei der 1142 Meter hohe Brocken durchgesetzt, spätestens seit Goethe seinen Faust dort die Walpurgisnacht feiern lässt. Eine Wanderung durch den Harz, der die drei Bundesländer Niedersachsen, Sachsen-Anhalt und Thüringen miteinander verbindet, hinterlässt auch heute noch einen nachhaltigen Eindruck. Dabei sollte der von Menschen übervölkerte Brocken nicht immer im Fokus stehen. Gerade die waldreichen Flusstäler der Bode, Selke und Ilse bieten mehr als eine Alternative. Das Erlebnis einer Fahrt auf den mehr als hundert Jahre alten Harzer Schmalspurbahnen, die im Angebot die Brocken-, die Selketal- und die Harzquerbahn führen, sollte man sich nicht entgehen lassen. Auch wegen seiner Bodenschätze von Kupfer bis Silber, deren historische Abbaustätten ebenfalls eine Besichtigung wert sind, war der Harz schon vor 2000 Jahren sehr gefragt und geheimnisvoll. Nicht

nur deshalb haben die Liudolfinger hier die größte Grundherrschaft des Frühmittelalters zusammengebracht. Damit wird der Harz zum Stammland der ersten deutschen Könige und um das Jahr 1000 auch zum wirtschaftlichen Zentrum des deutschen Reichs. Am Rande des Höhenzugs des Huy, innerhalb des Großen Bruchs versteckt sich die Westerburg bei Dedeleben. Der 10 Meter starke und 32 Meter hohe Bergfried beherrscht die von zwei Gräben gesicherte Wasserburg. Der idyllische Eindruck stellt sich erst durch die Wohnbauten aus Fachwerk ein, die besonders in der Renaissance durch die Grafen von Regenstein hinzugefügt wurden. Nicht nur dass sich hier eine der seltenen spätmittelalterlichen Küchen und die Schlosskapelle von 1681 erhalten haben, auch heute bietet die Burg den Gästen Angebote in Gastronomie und Hotellerie, Spa, Park und Naturlandschaft.

Nordwestlich von Dingelstedt, nun inmitten des waldreichen Huy, erhebt sich das wieder-

besiedelte Benediktinerkloster Huysburg. Gemeinsam mit Ilsenburg wurde diese ehemalige Befestigung von König Otto III. seinem Vertrauten, dem Halberstädter Bischof Arnulf, geschenkt, dessen Nachfolger Burchard II. in beiden Burgen Benediktiner ansiedelte und um 1080 mit den Kirchenbauten begann. Die 1121 vollendete dreischiffige Basilika St. Marien mit Flachdecke ist erhalten geblieben. Nach dem Vorbild der Benediktinerkirche in Echternach bei Luxemburg sind die drei Langhausjoche vom „Rheinischen Stützenwechsel", abwechselnd je eine Säule und ein Pfeiler, geprägt. Die erst 1487 errichtete Doppelturmfassade beherrscht den Klosterbezirk mit seiner Umfassungsmauer und den teils erhaltenen mittelalterlichen Klausurgebäuden. Am Jakobsweg gelegen bietet das barocke Eckehardhaus für Ruhe und Besinnung inmitten der einmaligen Landschaft für Übernachtungen perfekte Voraussetzungen.

Alfurtested/ Halberstadt tritt bereits um 804 in die große Geschichte ein, als Kaiser Karl der Große das von ihm um 780 gegründete Missionsbistum in Seligenstadt/Osterwieck wegen der strategisch günstigeren Lage an der Furt durch die Holtemme hierhin verlegt. Das bis zur Gründung des Erzbistums Magdeburg, seines auch später noch politischen und kulturellen Konkurrenten, größte sächsische Bistum erstreckte sich von der Unstrut bis zum Aland und von der Elbe bis zur Aller. Neben der Entwicklung zur Bischofsstadt erlebte Halberstadt als Handels- und Handwerkszentrum im Mittelalter einen steilen Aufschwung. Schon Otto III. verleiht Bischof Hildeward das Markt-, Münz- und Zollrecht, auf das die Aufstellung der Rolandfigur von 1433 an der Marktkirche zurückgeht. Und als mächtigste Stadt im Nordharz neben Goslar ist Halberstadt, das mit England, Flandern und den Niederlanden Handel treibt, seit 1387 Mitglied der Hanse. Nach vielen Kriegswirren gehört das zu einem Fürstentum umgewandelte Bistum seit 1650 zu Brandenburg und wird damit politisch bedeutungslos. Doch hat die Aufklärung des 18. Jahrhunderts hier wichtige geistige Spuren hinterlassen. Der Dichter Johann Wilhelm Ludwig Gleim lebte seit 1747 in einer Kurie im Schatten des Doms, die mit seiner Gemälde-, Bücher- und Briefsammlung auch heute noch zugänglich und erlebbar ist. Und sein Freund, der Domdechant Ernst Ludwig Christoph von Spiegel errichtete ab 1761 den Landschaftsgarten Spiegelsberge, den noch Goethe bei seiner Harzreise bewundernd aufgesucht hat. Die historische Altstadt Halberstadts um den Markt besaß eines der bedeutendsten Fachwerkensembles in Deutschland, bis Fliegerangriffe 1945 die Zerstörung brachten.

Zu den bedeutendsten plastischen Werken der deutschen Romanik gehören die über zwei Meter hohen Chorschranken der Liebfrauenkirche von Halberstadt. Die fast lebensgroßen Stuckfiguren, welche Christus und Maria inmitten der zwölf Apostel zeigen (Foto: Christus und Andreas) sind um 1210 entstanden. In ihrer lebendigen Körperhaltung zeigen die farbig gefassten Reliefs eine neue, naturzugewandte Gefühlswelt.

Der die Stadt beherrschende Domberg mit Dom, Liebfrauenkirche und Kurien hat dagegen den Zweiten Weltkrieg weitgehend überstanden. Der 859 geweihte karolingische und der 992 eingesegnete ottonische Vorgänger des Doms St. Stephanus und Sixtus wurde zwischen 1236 und 1491 durch einen Neubau ersetzt. In Konkurrenz zu der im Bau befindlichen Magdeburger Kathedrale ließ der Halberstädter Bischof diese bedeutendste hochgotische Kirche Deutschlands nach französischem Vorbild beginnen. Die kreuzförmige dreischiffige Basilika mit der noch spätromanisch geprägten Doppelturmfassade, Chorumgang und Scheitelkapelle ist im Innern von steiler Proportion und allseitiger Lichtfülle geprägt. Gebremst wird der Blick durch den spätgotischen Lettner, über dem sich die spätromanische Triumphkreuzgruppe erhebt. Als erstes monumentales Werk dieses Motivs mit erweitertem Programm aus Maria, Johannes und zwei vierflügeligen Engeln und Apostelzyklus wurde es um 1230 geschaffen und verfehlt auch heute noch nicht seine imposante Wirkung.

Zu den kostbarsten Sammlungen mittelalterlicher Kunst auf der Welt zählt neben der Kathedrale der in Museum, Kapitelsaal und Kreuzgangsälen aufbewahrte Halberstädter Domschatz, dessen Stücke bis ins 5. und dessen Sammlung bis ins 10. Jahrhundert zurückreicht. Vor allem zum liturgischen Gebrauch haben schon die Ottonen wertvolle Schenkungen an den Dom gerichtet, die hier ausnahmsweise sehr komplett erhalten sind. Aus der Vielzahl können hier nur wenige Exponate genannt werden: ein fatimidisches Glas um 1000, das vielleicht aus dem Besitz der Kaiserin Theophanu stammt, eine byzantinische Weihebrotschale von 1120, die Bischof Konrad von Krosigk 1205 vom Kreuzzug aus Konstantinopel mitbrachte, ein bemalter Stollenschrank von 1234 als Vorläufer der mittelalterlichen Flügelaltäre sowie die beiden größten und ältesten Wirkteppiche der Welt, der Abrahamsteppich von 1150 und der Apostelteppich von 1170.

Am anderen Ende des Dombergs erhebt sich die 1146 begonnene Liebfrauenkirche, deren Vorgängerbau von Bischof Arnulf erst 1120 geweiht worden war. Der Neubau Bischof Rudolfs für die Augustiner-Chorherren orientiert sich am „Hirsauer Bauschema": eine zweitürmige Westfassade mit einer dreischiffigen, flachgedeckten Pfeilerbasilika, ein von zwei weiteren Türmen begleitetes Querschiff und eine Dreichoranlage mit Apsiden. Zu den herausstechenden plastischen Werken der deutschen Spätromanik gehören die über zwei Meter hohen Chorschranken mit fast lebensgroßen Stuckfiguren. In ihrer lebendigen Körperhaltung zeigen die um 1210 entstandenen und farblich gefassten Reliefs von Christus und Maria inmitten der Apostel eine neue naturzugewandte Gefühlswelt.

Die am süddeutschen Hirsau orientierte Klosterreform beeinflusste auch das Leben der Benediktinermönche in Ilsenburg, ebenso wie deren Klosterbau vom Anfang des 11. Jahrhunderts. Die dreischiffige Pfeilerbasilika mit „Rheinischem Stützenwechsel" wacht noch heute über den ehemaligen Burghügel und das Klostergeviert des Harzklosters.

An der alten Heerstraße zwischen Braunschweig und Halberstadt liegt die seit 974 mit Münz- und Zollrecht ausgestattete Stadt Osterwieck. Der bedeutende Marktort hatte besonders 1511 mit einem verheerenden Brand zu kämpfen. Der darauf erfolgte Wiederaufbau hat bis heute eine geschlossene spätmittelalterliche Fachwerkinsel überliefert. In deren Mitte erhebt sich die Mitte des 12. Jahrhunderts gebaute Stephanikirche. Aber auch hier hat der genannte Stadtbrand sein Übriges getan. Die beiden massiven Türme des Westwerks von 1150 haben den Flammen getrotzt, doch das Langhaus bietet sich in spätmittelalterlicher Erneuerung. Stadt und Kirche in ihrer Geschlossenheit entführen den Besucher sehr authentisch in eine romantisierte mittelalterliche Atmosphäre.

Am Nordhang des Harzes, an dem Flüsschen Ilse gelegen, ist die Geschichte des Ortes Ilsenburg eng mit dem Benediktinerkloster St. Peter und Paul und den Grafen von Stolberg verbunden. Die letzteren machten die Stadt bereits im 17. Jahrhundert mit der Produktion des Ilsenburger Eisengusses berühmt. Die klassizistische Fürst-Stolberg-Hütte und das Hüttenmuseum geben auch heute noch einen Einblick in die Verhüttungsindustrie des 19. Jahrhunderts. Die schon 998 von Otto III. dem Bistum Halberstadt zur Einrichtung eines Klosters geschenkte Burg wurde erst um 1070 mit der Ansiedlung von Reformmönchen durch Bischof Burchard II. zu einem mönchischen und kulturellen Zentrum. Sein Neffe Herrand hatte als erster Abt enge Beziehungen zum süddeutschen Kloster Hirsau, wo zu diesem Zeitpunkt die ebenfalls Peter und Paul geweihte Kirche als Modelltyp der „Hirsauer Bauschule" entworfen wurde. Die an diesen Gedanken orientierte Ilsenburger Benediktinerkirche ist eine dreischiffige Pfeilerbasilika mit „Rheinischem Stützenwechsel". An die später teils veränderte Kirche schließen sich im Süden die um 1150 errichteten romanischen Klausurgebäude mit Refektorium und Kapitelsaal an, so dass das Kloster trotz seiner späteren Umnutzungen eine geschlossene Einheit bildet.

Das vielleicht schon 877 von der Gräfin Adalbrin gegründete Benediktinerinnenkloster St. Vitus in Drübeck genoss unter Kaiser Otto II. seit 980 Königsschutz, erhielt aber erst unter dem reformtüchtigen Halberstädter Bischof Reinhard 1110 eine straffere Ordnung. Die Ilsenburg sehr ähnliche und später ebenfalls veränderte Kirchenanlage wurde im 12. Jahrhundert erbaut. Die 1170 errichtete und 1860 rekonstruierte wehrhafte Westfassade mit Westapsis reckt ihre beiden oktogonalen Türme weithin sichtbar in den Himmel. An einer alten Handelsstraße gelegen, umschließen die Gärten der Stiftsdamen und Äbtissinnen das Kloster. Unter einer uralten gewaltigen Linde ist es heute wieder eine ideale christliche Tagungs-, Besinnungs- und Begegnungsstätte.

Die Stadt Wernigerode, an der Nordostflanke des Harzes unterhalb des Brockens gelegen, wurde durch den Dichter Hermann Löns als bunte Stadt am Harz bezeichnet. Der bis heute gültige und nachvollziehbare Begriff bezieht sich auf die komplett erhaltene, farbig gefasste Fachwerkarchitektur der Innenstadt. Die seit 1121 mit den Grafen von (Stolberg-)Wernigerode verbundene Siedlung an der Kreuzung zweier Handelsstraßen erhielt bereits 1229 Stadtrecht. Überragt wird die Stadt von der gräflichen Burganlage, die Otto zu Stolberg-Wernigerode Ende des 19. Jahrhunderts in später Burgenromantik ausbaute, um seinem Ansehen als neu gefürsteter Reichsvizekanzler, also Vertreter Otto von Bismarcks, Nachdruck zu verleihen. Neben Stadt und Burg sollte auch die älteste Kirche der Stadt, St. Johannis, besichtigt werden. Angrenzend an die durch Zuzug expandierende Siedlung, wurde als Ackerbürgerstadt im 13. Jahrhundert die sogenannte Neustadt errichtet, deren geistliches Zentrum die neue Kirche bildete. Um 1265/79 errichtet, hält sie als besondere Ausstattungsstücke den Marienschnitzaltar von 1415 und eine Ladegastorgel von 1865 bereit.

Weiter über Wernigerode und Blankenburg mit historischer Altstadt und Fürstenschloss erreicht man das in Wäldern versteckte Kloster Michaelstein, heute ein Zentrum der Telemann- und Musikpflege mit Museum, Garten und Hotel. Die Tochtergründung der Zisterzienser aus Altenkampen von 1146 hat ihre Klosterkirche verloren, doch sind die mittelalterlichen und barocken Klausurgebäude, in denen auch ein Musikinstrumentenmuseum untergebracht ist, zu besichtigen. Für die Zisterzienser besonders typisch haben sich im Umfeld viele künstliche, ineinander fließende Fischteiche zur ehemaligen Versorgung der Mönche und für den Handel

Das romanische Kapitell der erstmals 960 erwähnten Benediktinerinnenklosterkirche St. Vitus in Drübeck. Die heutige Tagungsstätte der evangelischen Kirche lädt wieder Rastende in seine verschiedenen, mit Gärten abgerundeten Gästehäuser ein, wie dem deutschlandweit bekannten Haus der Stille.

Das Harzgebirge: auf den Spuren von Königen und Kaisern

erhalten. Einen Sprung in den Harz hinein locken weitere Naturschönheiten wie das Bodetal bei Thale und die Rübeländer Tropfsteinhöhlen bei Elbingerode, die schon von Goethe, Heine und Fontane begeistert aufgesucht wurden.

Schon im 9. Jahrhundert gründete das Kloster Hersfeld in seinem Eigenbesitz Quedlinburg eine Missionskirche zu Ehren des heiligen Wigbertus. Wenig später fällt der Ort an den Sachsenherzog Otto aus dem Geschlecht der Liudolfinger, der in Kirchennähe eine Pfalzanlage für sich und seine Nachfolger anlegen lässt. Mit der Wahl seines Sohnes Heinrich I. 919 zum deutschen König, deren Mitteilung er am sogenannten Vogelherd in Quedlinburg erhalten haben soll, beginnt die Gründung des deutschen Reichs, der Aufstieg der Sachsenherzöge zu römischen Kaisern und damit Quedlinburgs zentrale Reichsstellung.

Die 961 erstmals erwähnten Kanoniker an St. Wiperti werden 1148 von einem Prämonstratenserkonvent verdrängt. Ebenso wird deren

Die seltene ottonische Umgangskrypta, gestützt auf Säulen und Pfeilern, blieb von der um 1000 errichteten Stiftskirche St. Wiperti in Quedlinburg erhalten. Auch die noch bestehende romanische Pfeilerbasilika des Prämonstratenserstifts darüber erinnert an die Pfalz König Heinrichs I. unterhalb des Burgbergs.

Kirchengebäude abgetragen und durch eine Pfeilerbasilika mit zweitürmigem Westbau ersetzt. Nach gotischen Umbauten und vielfältigen Umnutzungen konnte die historische Stätte 1955 gerettet und restauriert werden. Aus der Zeit um 1000 ist hinter dem Altarbereich eine seltene Umgangskrypta erhalten geblieben, die von Tonnengewölben auf Säulen und Pfeilern getragen wird.

Wegen der heftigen Ungarneinfälle lässt König Heinrich I. neben seiner Pfalz in der Ebene von St. Wiperti auch auf dem benachbarten Berg eine befestigte Pfalz ausbauen. In deren Kapelle wird er 936 vor dem Petersaltar zur letzten Ruhe gebettet. Seine Gemahlin Mathilde, die schon 929 Quedlinburg als Witwengut erhalten hat, gründet im gleichen Jahr in der Burgpfalz ein hochadeliges Damenstift zum frommen Gedenken an den König und seine Familie. Die Gründung erhielt eine außergewöhnliche Stellung im deutschen Reich. Sie war reichsunmittelbar, direkt Recht und Schutz von Kaiser und Papst unterstellt, und sollte ihre Äbtissin nur aus der königlichen Familie erhalten, was bis zum 12. Jahrhundert der Fall blieb. Zunächst leitet die Königswitwe ihr Stift selbst, bevor sie 966 ihre Enkelin Mathilde, Tochter Kaiser Ottos des Großen, als erste Äbtissin einführt. Während des ganzen Mittelalters hindurch blieb Quedlinburg neben Gandersheim und Werden/Essen das bedeutendste reichsunmittelbare kaiserliche Frauenstift. Trotz dieser kirchlichen Nutzung blieb der Burgberg mit der Pfalz ein Lieblingsort der liudolfingischen Herrscher und damit Zentrum deutscher Geschichte. Glanzvolle Hoftage, insbesondere an den Osterfesten, wurden begangen und ausländische Gesandtschaften, die zum Beispiel im Jahre 973 aus Polen, Ungarn, Griechen, Dänen, Slawen und Italienern aus Benevent bestanden, empfangen. Die Regierungsgeschäfte der Kaiserinnen Adelheid und Theophanu für den minderjährigen Enkel und Sohn Otto III. wurden ab 983 von hier aus geführt; ebenso wie die Äbtissin Mathilde 997 als Reichsverweserin für ihrem Neffen Otto III. von hier aus das deutsche Reich zusammenhält.

Die Pfalzkapelle wird gleich nach der Beisetzung König Heinrichs I. durch die erste, dem heiligen Servatius geweihte Stiftskirche ersetzt. Doch schon vor 1000 entsteht ein noch prächtigerer Neubau auf Initiative seiner Enkelin Adelheid. Nach einem verheerenden Großbrand 1070 wird auch diese Kirche durch den im wesentlichen bis heute bestehenden Bau ersetzt, der 1129 geweiht werden konnte. Die dreischiffige kreuzförmige Basilika mit zweitürmigem Westbau und hoher, weiträumiger Krypta ist eine der eindrucks- und qualitätvollsten Kirchen der Hochromanik in Deutschland. An Stelle der mittelalterlichen Pfalz- und Stiftsgebäude stehen heute Repräsentationsbauten des 16. bis 18. Jahrhundert. Den Burgberg krönt jedoch die innen wie außen aus klaren Formen und reichen Schmuckelementen bestehende Damenstiftskirche, an der lombardische Baumeister tätig waren. Kirchberg und Stadt Quedlinburg, eine der größten geschlossenen Fachwerkensemble Deutschlands, wurden als herausragendes Gesamtkunstwerk deshalb von der UNESCO zum kulturellen Welterbe ernannt.

An Ausstattung der Damenstiftskirche seien hier nur genannt die Adlerkapelle des Kirchenschiffs, die Tier- und Pflanzenfriese des Chors, die um 962 angelegte Confessio mit den Gräbern Heinrichs und Mathildes und die seltenen Figurengrabsteine aus sächsischem Stuck der drei, zwischen 1044 und 1095 verstorbenen königlichen Äbtissinnen Adelheid I., Beatrix und Adelheid II.

Dem Domschatz von Halberstadt steht der Stiftsschatz von Quedlinburg an Alter und Qualität kaum nach. Schon die Ottonen haben ihre Gründung reich mit Evangeliaren, Reliquiaren und Kleinodien bedacht, die in Teilen bis heute erhalten geblieben sind. Der im Zweiten Weltkrieg in Teilen nach Amerika verschleppte Kirchenschatz ist wieder in der um 1200 in die Kirche eingebauten Schatzkammer, dem Zitter, zu sehen.

Das kurz nach dem Tod von Kaiser Karl dem Großen (768–814) um 825 gegründete Kloster Wendhusen bei Thale stand als erstes Kloster in Ostsachsen ganz unter dem Einfluss der Reichsabtei Herford und wurde in den Bauernkriegen zerstört. Das später in Abhängigkeit von der Quedlinburger Reichsabtei stehende Stift, dessen imposante Reste erhalten sind, wurde 1540 säkularisiert.

Erwähnt seien aus der Fülle das Samuhel-Evangeliar, das im 9. Jahrhundert in Süddeutschland geschrieben und bebildert wurde, das Otto-Adelheid-Evangeliar mit byzantinischen Elfenbeinreliefs aus dem Brautschatz der Kaiserin Theophanu, das Servatiusreliquiar mit karolingischen Elfenbeinschnitzereien der Hofschule Karls des Kahlen um 870, ein fatimidischer Bergkristall-Flakon mit Palme und Vögeln aus dem Ägypten des Jahres 1000 und das römisch-antike Alabastergefäß, das durch die Ottonen als Krug des Hochzeitswunders von Kana in den Stiftsschatz gelangte.

Ebenfalls von der königlichen Reichsäbtissin Adelheid 986 gestiftet, wurde auf dem, dem Schlossberg gegenüberliegenden Hügel Quedlinburgs, dem Münzenberg, ein Damenstift gegründet. Die beeindruckenden Reste der ottonischen Basilika St. Marien haben sich in verschiedenen Häusern der Siedlung erhalten. Rekonstruiert und saniert können Apsis, Querhaus, Teile des dreischiffigen Langhauses und der Westbau erschlossen werden. Auch die vollständig erhaltene Ostkrypta und sichtbare Teile des Stiftsfriedhofs mit Kopfnischengräbern sind beeindruckend. Einen abschließenden faszinierenden Blick auf die Stiftskirche St. Servatius und die Quedlinburger Altstadt bietet die Münzenberg-Terrasse.

Das Kloster Wendhusen bei Thale ist das älteste nachweisbare Kloster auf dem Gebiet des heutigen Landes Sachsen-Anhalt und ist Start- bzw. Endpunkt des Harzer Klosterwanderwegs. Das Stift entstand um 825 als Gründung Giselas, der ältesten Tochter des ostfälischen Grafen Hessi, der 782 das Grafenamt von Karl dem Großen erhalten hatte, und Witwe des Grafen Unwan. Die Reichsabtei Herford, das älteste und zeitweise bedeutendste sächsische Damenstift, hat hier wie in Gandersheim als Vorbild gewirkt und auch direkten Einfluss ausgeübt. Auch erhielt Wendhusen das eben nicht häufige Patrozinium der heiligen Pusinna, der Herforder Stiftspatronin. Der Versuch von Mathilde,

Das Harzgebirge: auf den Spuren von Königen und Kaisern

der Witwe König Heinrichs I., den Konvent 936 ganz nach Quedlinburg zu verlegen, misslang, jedoch gelangte Wendhusen in Abhängigkeit zum Quedlinburger Reichsstift. Das 1540 säkularisierte Stift wurde Rittergut und verfiel weitgehend. Der heute in Thale vorhandene große, in das Rittergut eingebaute, aber dieses überragende Turm ist der beeindruckende Rest eines Westbaus (Sächsischer Westriegel), der spätestens um 1192/96 an die ältere Stiftskirche angefügt wurde.

Ein ebenso außergewöhnliches Denkmal wie die Stiftskirche St. Servatius in Quedlinburg ist die Damenstiftskirche St. Cyriakus im benachbarten Gernrode. Am Eingang zu den Wäldern des Südharzes und zum idyllischen Selketal stiftete Markgraf Gero ein Damenstift, als deren erste Äbtissin er 960 seine Schwiegertochter Hathui, eine Nichte der Königin Mathilde und Cousine Kaiser Ottos I., einsetzte. Die um 1014 fertiggestellte flachgedeckte dreischiffige und doppelchörige Anlage ist trotz ihrer Umbauten und gründlichen Restaurierungen im 19. Jahrhundert eine der wenigen ottonischen Kirchenbauten, die noch erhalten sind. Einmalig in Sachsen ist im Langhaus mit „Rheinischem Stützenwechsel" die Emporenzone mit gekuppelten Säulenarkaden über den beiden Seitenschiffen. Wohl um das Jahr 1060 wurde im südlichen Seitenschiff eine Nachbildung des heiligen Grabes Christi von Jerusalem eingefügt – das älteste erhaltene Beispiel dieser im alten Europa üblichen Art des „geistig-spirituellen" Nachbaus. Es besteht aus einer Vor- und einer Grabkammer, die außen reich mit Schmuckreliefs und Plastiken aus mittelalterlichem Stuck, darunter Maria Magdalena, Christus und Johannes der Täufer, gefasst sind. Bezüglich der Körper- und Gewandgestaltung, der Bewegungen und Bezüge zueinander und der Wiedergabe des seelischen Ausdrucks sind alle Figuren für ihre Zeit von herausragender Qualität.

Nur wenig weiter östlich ruht unter dem Westturm der ehemaligen Klosterkirche St. Pankratius und Abundus in Ballenstedt der 1170 verstorbene Askanierfürst Albrecht der Bär. Der Gründer des Fürstenhauses Anhalt ist besonders wegen der kriegerischen Auseinandersetzungen mit den ostelbischen Slawen und der Gründung der mit seinem Wappentier ausgezeichneten Stadt Berlin bekannt. Die Grundstruktur des Kollegiatstifts und späteren Benediktinerklosters, insbesondere Westbau und Apsis der romanischen Klosterkirche, sind noch gut erkennbar. Ansonsten wurde die Anlage, die Wiege Anhalts, in Renaissance und Barock zu einem Residenzschloss umgebaut, von wo aus zwischen 1765 und 1863 die Fürsten von Anhalt-Bernburg regierten. Die eindrucksvolle Anlage über der Stadt wird ergänzt durch einen selten erhaltenen klassizistischen Theaterbau und den das Schloss umgebenden, weitläufigen Landschaftsgarten von Peter Joseph Lenné.

Das Heilige Grab in Gernrode ist ein Haus im Haus in der gleichnamigen Stiftskirche. Der Nachbau des Grabes Christi in Jerusalem, das dort ebenfalls von der Grabeskirche überbaut wurde, wird hier um 1060 errichtet und ist das älteste erhaltene Beispiel in Europa. Heilige, Symboltiere und Symbolpflanzen fassen das Gebäude aus sächsischem Stuck und deuten das Geschehen der Bibel vor Ostern.

Im Innern des Harzes, am Wuchtberg hoch über dem Selketal ließ sich Graf Burchard von Konradsburg zwischen 1120 und 1180 die Burg Falkenstein errichten, nachdem er die Konradsburg für die Einrichtung eines Benediktinerklosters aufgegeben hatte. Nach weiteren Befestigungen wird die romanische Burg, die sich zwischen 1439 und 1945 im Besitz der Herren von Asseburg befand, nach 1550 zu einem Wohnschloss der Renaissance umgewandelt. Vorburg mit Wirtschaftshof sowie Hauptburg mit Pallas und Burgkapelle sind mit romantischen Restaurierungen des 19. Jahrhunderts versehen worden und bieten einen frischen Einblick in mittelalterliches Burgleben. Eine besondere Geschichte ist mit dem mittelalterlichen Falkenstein verbunden. Hier schrieb 1251 Eike von Repgow mit Unterstützung seines Förderers Hoyer von Falkenstein das erste und bedeutendste Rechtsbuch und Prosawerk in deutscher Sprache, den Sachsenspiegel. „Wer zuerst kommt, malt zuerst" ist nur einer der bis heute umgangssprachlich gängigen Rechtssprüche dieses Landrechts, die fast über 650 Jahre aktuell geblieben sind.

In dem mit Quedlinburg verbundenen Frose errichtet Markgraf Gero ebenfalls ein Kloster, das er 961 in ein Frauenstift umwandelt und seiner Gründung Gernrode unterstellte. Die Maria, Petrus und Cyriacus um 1170 geweihte Stiftskirche ist eine flachgedeckte, kreuzförmige Pfeilerbasilika, deren Langhaus vom „Niedersächsischen Stützenwechsel" bestimmt wird. Die Krypta könnte in Zeiten der Reformation beseitigt worden sein. Die Einbauten im Turm, die Nonnenloge sowie die Durchgänge zu den ehemaligen Stiftsgebäuden stammen jedoch noch aus der Erbauungszeit.

Von der Gründung eines Benediktinerklosters auf der Konradsburg in Ermsleben durch Burchard von Ermsleben ist nach Nutzung durch den Karthäuserorden und als landwirtschaftliche Domäne nur noch ein bescheidener Rest erhalten geblieben. Doch die Choranlage der Kirche mit drei Apsiden und die darunter liegende Krypta besitzen in der Bauform und der Ornamentik an Kapitellen, Säulen und Basen herausragende Zeugnisse mittelalterlichen Bauens, die von der Naumburger Domkrypta, niederrheinischen und französischen Vorbildern beeinflusst sind. Eingebettet ist dieser Rest der Klosterkirche St. Sixtus in einen großen und beeindruckenden Kloster- bzw. späteren Domänenkomplex, der nach und nach saniert wurde.

Neben Gernrode gründete Markgraf Gero als Gefolgsmann Kaiser Ottos I. auch in Frose ein Kloster. Die 961 in ein Frauenstift umgewandelte Anlage wird von einer Pfeilerbasilika mit Westwerk und zwei Türmen aus der Romanik beherrscht.

Das Harzgebirge: auf den Spuren von Königen und Kaisern

Die Liebfrauenkirche in Halberstadt ist die einzige viertürmige romanische Basilika im mitteldeutschen Raum und geht auf eine Kirche von 1005 zurück. Der Bau der dreischiffigen Pfeilerbasilika erfolgte im 12. Jahrhundert; im 13. Jahrhundert wurden Chor und Querhaus mit Kreuzgratgewölben versehen. Das im westlichen Vierungsbogen hängende Triumphkreuz wurde um 1230 gefertigt. Um 1420 entstand im Winkel zwischen Südostturm und Langhaus die Barbarakapelle. Ihre Ausstattung mit Flügelaltar und Deckenmalerei ist nahezu im Original erhalten.

Das Harzgebirge: auf den Spuren von Königen und Kaisern

Die kreuzgratgewölbte Krypta der mehrfach umgestalteten Quedlinburger Stiftskirche St. Servatius (Dom) wurde zwischen 1070 und 1129 erbaut. Die reich ornamentierten Stützen mit ihren der Antike nachempfundenen oder würfelförmigen Kapitellen fallen dem Besucher sofort ins Auge. Die romanischen Gewölbemalereien aus der zweiten Hälfte des 12. Jahrhunderts zählen zu den wichtigsten Wandmalereien in Sachsen-Anhalt. Der Blick weist nach Osten auf die in den Boden eingelassene hufeisenförmige „Confessio", die vermutlich um 962 als kleine Krypta unter dem Hauptaltar angelegt, später zugeschüttet und im 19. Jahrhundert wieder freigelegt wurde. Von ihr geht ein durch die Gitter sichtbarer Schacht ab, in dem sich die Gräber des Königspaares Heinrich I. und seiner Gemahlin Mathilde, die das Stift nach dem Tod ihres Mannes 936 gegründet hat, befinden.

Das Harzgebirge: auf den Spuren von Königen und Kaisern

Auf dem steil abfallenden Schlossberg in Ballenstedt erhebt sich das ehemalige Augustinerkloster, wo zuvor die Stammburg der Askanier, denen unter anderem Berlin seine Gründung verdankt, stand. Im 12. Jahrhundert wandelten Albrecht der Bär (1100–1170) und sein Vater Otto der Reiche (1070–1123) die Anlage in ein Benediktinerkloster um, das 1525 im Bauernkrieg säkularisiert wurde. In der ehemaligen Klosterkirche sind romanische Reste erhalten. Vom Schloss aus regierten zwischen 1765 und 1863 die Fürsten von Anhalt-Bernburg ihr Territorium. Aus dieser Zeit stammen auch die weiträumigen Park- und Teichanlagen, die kein geringerer als der damals gefragteste Landschaftsgestalter Peter Joseph Lenné vollendete.

Das Harzgebirge: auf den Spuren von Königen und Kaisern

Am Eingang zu den Wäldern des Ostharzes und zum einladenden Selketal stiftete Markgraf Gero 960 das Damenstift Gernrode. Die um 1014 fertiggestellte dreischiffige Kirche ist trotz späterer Umbauten und gründlicher Restaurierung im 19. Jahrhundert eine der wenigen ottonischen Kirchenbauten, die einen authentischen Eindruck vermittelt. Sie gilt als eines der bedeutendsten Kulturdenkmale seiner Zeit und ist das älteste erhaltene Gotteshaus am Harz. Einmalig im damaligen Sachsen ist im Langhaus mit „Rheinischem Stützenwechsel" die durchlaufende Emporenzone mit Säulenarkaden. Unter ihm befindet sich eine dreischiffige Hallenkrypta deren Gewölbe von vier Säulen getragen wird. Der Taufstein (um 1150) stammt aus der abgebrochenen romanischen Kirche in Alsleben.

Das Harzgebirge: auf den Spuren von Königen und Kaisern

Am Wuchtberg hoch über dem Selketal erhebt sich die Burg Falkenstein um den mächtigen Bergfried. Als eine der besterhaltenen Höhenburgen des Harzes dokumentiert sie eindrucksvoll den Wohnkomfort zur Zeit des Mittelalters und der Renaissance. Die bereits ab 1120 errichtete Kernburg mit westlich gelagerter Vorburg ist gesichert durch Bastionen, Ringmauer und Gräben. Die starke Schildmauer und der 30 Meter hohe Bergfried spiegeln die Wehrhaftigkeit der Burg wider, die zu den am besten geplanten Wehranlagen der Romanik zählt. Sehenswert sind auch die Innenräume wie Burgkapelle, Königszimmer, Herrenstube, Rittersaal und spätgotische Küche, die noch heute einen Eindruck vom einstigen Leben auf der Burg vermitteln. Hier schrieb 1251 Eike von Repgow mit Unterstützung seines Förderers, des Grafen Hoyer von Falkenstein, den Sachsenspiegel, das erste und damals bedeutendste Rechtsbuch in deutscher Sprache.

Das Harzgebirge: auf den Spuren von Königen und Kaisern

Wenn auch vom Benediktinerkloster Konradsburg wenig erhalten blieb, so versetzt allein die fünfschiffige romanische Krypta in Erstaunen über das Können mittelalterlicher Künstler. Als „Prachtstücke blühendster romanischer Dekorationskunst" hat um 1900 der renommierte Kunsthistoriker Georg Dehio den Bauschmuck an Säulen, Pfeilern und Kapitellen bezeichnet, der deutliche niederrheinische und französische Einflüsse verrät.

Das Wein-und Burgenland: von Kyffhäuser, Saale und Unstrut

An den sonnigen Südhängen der Täler von Saale und Unstrut wird seit 1000 Jahren Wein angebaut. Eigentlich jenseits der klimatischen Anbaugrenze gelegen, hat sich das nördlichste geschlossene Weinanbaugebiet Europas bis heute erhalten. Und nicht nur das: Mit der Klimaerwärmung lassen sich sogar Spitzenweine später Rebsorten herstellen, wie viele junge Winzer mittlerweile bezeugen. Die im Harz beheimateten Ottonen haben schon im 10. Jahrhundert in der milderen Landschaft und im Umfeld von Weinhängen ihre Pfalzen erbaut; die Landgrafen von Thüringen sind ihnen im 12. Jahrhundert darin gefolgt. Die Zisterzienser des Klosters Pforta bringen im 12. Jahrhundert als auf die Landwirtschaft spezialisierte Mönche neue Anbaumethoden und die reichen Bürger Naumburgs, Jenas, Weimars und Erfurts dehnen im 15. und 16. Jahrhundert die Rebflächen des Gebiets zwischen Sachsen-Anhalt und Thüringen auf über 6000 Hektar aus. Obwohl das Anbaugebiet Saale-Unstrut mit heute 700 Hektar berebter Fläche zu den kleinsten Deutschlands zählt, sollte man es nicht versäumen, sich über die Qualität der schon von den Ottonen geschätzten Weine selbst zu überzeugen.

Über die vorbeiführenden Handelsstraßen, insbesondere die „Via Regia" zwischen Frankfurt am Main und Leipzig, wurde im Mittelalter aber mehr als nur Wein transportiert. Und zum Schutz der Waren wie zum Eintreiben von Zöllen errichteten die anliegenden Territorialherren mächtige Burgen, die wie der Wein die Landschaft im Süden Sachsen-Anhalts prägen. Berge und Burgen, Wald und Wild laden dazu ein, hier weite Wanderungen zu unternehmen und auch für einige Zeit seine Zelte aufzuschlagen. Schon Anfang des 19. Jahrhunderts waren Dichter und Studenten aus Jena, Leipzig und Halle in romantischer Stimmung unterwegs, um auch neben dem Besuch der Burgruinen ein Glas Wein über den Durst zu trinken. Der erst 18jährige, spätere Kunsthistoriker Franz Kugler fasste diese Stimmung 1826 in einer lauen Sommernacht auf der Rudelsburg unübertrefflich zusammen: „An der Saale hellem Strande/ stehen Burgen stolz und kühn,/ ihre Dächer sind verfallen/ und der Wind weht durch die Hallen,/ Wolken ziehen drüber hin."

Doch nähern wir uns den Weinhängen zunächst vom südlichen Harzvorland, über die fruchtbare „Goldene Aue" her. Nach seiner Rückkehr vom Kreuzzug aus Palästina reformiert der Askanier Albrecht der Bär, Markgraf von Brandenburg, 1160 das von Benediktinern besiedelte Klostermansfeld. Gleichzeitig stiftet er gemeinsam mit dem Grafen Hoyer von Mansfeld den Neubau der Klosterkirche Mariae Himmelfahrt. Die flachgedeckte Basilika mit Westquerbau, Querhaus und quadratischem Chor erhielt Mitte des 15. Jahrhundert einen gotischen Chor. Trotz der Schlichtheit des romanischen Raumes muss man sich vergegenwärtigen, dass die Grafen von Mansfeld durch ihren Kupferbergbau schon im Mittelalter ungeheuren Reichtum erworben haben. Hier hatten sie ihr erstes Hauskloster und ihr Erbbegräbnis auf den Spuren des Heiligen Landes angelegt.

Nahe der gräflichen Burg Mansfeld und noch näher zur Stadt Eisleben, der späteren Geburts- und Sterbestätte des Reformators Martin Luther, gründete Graf Burchard von Mansfeld 1229 das Zisterzienserinnenkloster St. Marien in Helfta. Die 1258 eingeweihte Kirche wird samt Kloster 1343 vor die Stadtmauer Eislebens und 1525 nach Zerstörungen des Bauernkriegs in die Stadt selbst verlegt. Das 1542 als Domäne säkularisierte Kloster wird 1999 von Kloster Seligenstadt bei Landshut aus von Zisterzienserinnen nach über 450 Jahren wieder besiedelt und nach und nach instand gesetzt. Kloster, Gutsgebäude, Klostermauer, Garten und Kirche haben in ihrer Grundstruktur überdauert und sind nach zeitgenössischen Umbauten trotzdem mit mittelalterlichem Kern erlebbar. Dies betrifft insbesondere die Kirche mit den drei gelben, lichtdurchströmten Chorfenstern, in denen sich das Wirken von drei großen Mystikerinnen des Mittelalters wiederspiegelt. Gertrud von Helfta, die als einzige deutsche Heilige den Beinamen „die Große" trägt, Mechthild von Magdeburg und Mechthild von Hackeborn, wirkten hier im 13. Jahrhundert als Theologinnen und Mystikerinnen. Die „Krone der deutschen Frauenklöster" wirkt auch heute wieder mit den Botschaften von Licht und Liebe auf internationale Frauenpower.

Zwischen den hohen Bergbauhalden des Mansfelder Landes hindurch erreicht man Sangerhausen. Die das Stadtbild prägende Halde wie auch das Spengler-Museum berichten erstens von der Geschichte des Kupferbergbaus der Region. Das 1903 vom Verein deutscher Rosenfreunde gegründete weltberühmte Rosarium hat sich zweitens mit der Königin der Blumen im Stadtwappen Sangerhausens verewigt. Drittens sollte man den Besuch des Alten Marktes und der Kirche St. Ulrici nicht vergessen. An ihrem nördlichen Herrschaftsbereich besaßen die Landgrafen von Thüringen eine strategische Burg. Für die angrenzende Siedlung stiftete Landgraf Ludwig II., genannt der Springer, 1116 eine Klosterkirche, die er mit reformierten Benediktinern besetzte. Die gewölbte, dreischiffige Pfeilerbasilika mit Querschiff und Dreichoranlage orientiert sich deshalb ähnlich Drübeck an der „Hirsauer Bauschule". Der einheitlich romanische Kirchenraum, der auch französische Einflüsse aus der Auvergne und der Normandie verarbeitet, wird bestimmt durch die relativ niedrigen Seitenschiffe und das schmale, aber hohe Mittelschiff.

Durchquert man die Goldene Aue, diesen fruchtbaren Landstrich, den Bischof Thietmar von Merseburg um das Jahr 1000 als den „blühenden Hof des Paradieses" bezeichnete, so erreicht man Tilleda. Im Schutze und in Sichtweite der Burg Kyffhausen liegt die erstmals 972 erwähnte Kaiser- und Königspfalz auf dem Pfingstberg, deren Ausgrabungen und Rekonstruktionen ab 1935 als Freilichtmuseum sichtbar gemacht wurden. In den ottonischen Repräsentationsräumen aus Stein konnte sogar eine Fußbodenheizung nachgewiesen werden. In der Vorburg zeigen

rund 200 kleinere Häuser aus Lehm für Handwerker und Bedienstete, was für die königliche Hofhaltung des Mittelalters an Logistik notwendig war. Kaiser Otto I. übertrug die in mildem Klima gelegene Pfalz seiner Schwiegertochter, der byzantinischen Prinzessin Theophanu, als Brautschatz, und noch bis ins 13. Jahrhundert bleibt sie Reichspfalz. Hier weilten und urkundeten ottonische, salische und staufische Kaiser: Otto II., Otto III., Konrad II., Heinrich III., Friedrich I. Barbarossa und Heinrich IV. Als Silhouette beim Rundgang dient der Kyffhäuser mit dem monumentalen Kaiser-Wilhelm-Nationaldenkmal, wo auch der riesige Rotbart Friedrich I. schlummernd und steinern über seiner Pfalz wacht.

Am Ostrand der Goldenen Aue erhebt sich auf einem Bergsporn über dem Rohnebach Schloss Allstedt, an dessen Stelle sich ebenfalls eine Pfalz als häufiger Aufenthaltsort von deutschen Königen und Kaisern vom 10. bis 13. Jahrhundert befunden hat. Die gut erhaltene Anlage mit Wirtschaftshof, Vorburg und Hauptburg ist trotz seiner Ausbauten bis ins 19. Jahrhundert hinein von seltener Geschlossenheit. Das Schlossmuseum dokumentiert bedeutende Besucher von Müntzer bis Goethe, hält die seltene Magdeburger Eisengusssammlung des 19. Jahrhunderts bereit und lässt Festgelage in der vollständig erhaltenen Küchenanlage der Renaissance, der größten Burgküche Europas, zu. In der Schlosskapelle hielt der Predigerrebell und Bauernführer Thomas Müntzer 1524 seine berühmte Fürstenpredigt, bevor er in die verlustreiche Schlacht bei Bad Frankenhausen zieht, an deren Ende er geviertelt wird.

Auf einem schmalen Bergrücken erbaute Markgraf Ekkehard I. von Meißen zur Sicherung der Ostgrenze seines Herrschaftsbereichs 998 die Eckartsburg. Da in den späteren Jahrhunderten nur geringe Ergänzungen hinzugefügt wurden, vermittelt sie mit ihren Mauern und Türmen noch immer das Bild einer geschlossenen romanischen Burganlage. Als Burgruine hatte sie mit Johann Wolfgang von Goethe den bedeutendsten Besucher, den die Gemäuer auf seiner Harzreise zu seiner Dichtung über den „getreuen Eckart" anregten.

Das Wein- und Burgenland: von Kyffhäuser, Saale und Unstrut

Noch gewaltiger ist die Wirkung der nahen Burg Querfurt, die sich als eine der ältesten und größten Burgen Deutschlands über der gleichnamigen Stadt und dem Flüsschen Querne erhebt. Siebenmal fände die thüringische Wartburg in ihren Mauern Platz.

In den mildesten Gefilden ihres Reiches, am Südrand des Harzes, haben die Liudolfinger die Pfalz Memleben errichtet. Hier starben 936 König Heinrich I. und 973 sein Sohn Kaiser Otto der Große, dessen Herz in der von ihm gegründeten Marienkirche in Memleben beigesetzt wurde. Die quadratische Hallenkrypta der benachbarten spätromanischen Klosterkirche lässt mit ihrer dämmerigen Beleuchtung die frühmittelalterliche Bedeutung Memlebens wieder lebendig werden.

Schon im Zehntverzeichnis des Klosters Hersfeld wird sie 881 genannt. Die heutigen Bauten entstehen nach und nach als Adelsburg der Edelherren von Querfurt. Deren bedeutendster Vertreter war Brun, der 1009 als „Missionar der Prußen" dortselbst sein Leben ließ. Durch den guten Erhaltungszustand lassen sich in Querfurt beispielhaft die Grundzüge des mittelalterlichen Burgenbaus ablesen: die mächtigen Bastionen mit den 16 Meter tiefen Trockengräben davor, der „Dicke Heinrich" als um 1070 errichteter Wehrturm mit fast 15 Metern Durchmesser, das als Museum genutzte Korn- und Rüsthaus der Renaissance, der als Hotel dienende Fürstenbau und die freistehende einschiffige Burgkirche des 12. Jahrhunderts mit der durch eine vollplastische Liegefigur bekrönten Tumba des 1383 verstorbenen Gebhardt XIV. von Querfurt, die zur Werkstatt Peter Parlers weist.

Am Rande des Geiseltalsees, eines künstlichen Braunkohletagebausees, liegt der Ort Mücheln, wo auch die Quelle der Geisel entspringt, die den See speist. Die romanische Steinkirche St. Michael mit dem Westturm liegt auch in der Nähe eines ehemaligen Kalksteinabbaus, aus dem das Gotteshaus im 12. Jahrhundert errichtet wurde. Vermutlich bekam der Ort selbst und nicht nur die Kirche seinen Namen nach der Lieblingsstiftung des Bischofs Otto von Bamberg, dem Stift St. Michael über der fränkischen Stadt Bamberg. Derselbe Bischof soll auch die Kirche 1128 gegründet haben. Sie erhält durch ihre Lage auf der beherrschenden Bergnase eine bevorzugte Stellung im Landschaftsbild. Die Kirche ist außen und innen fast unberührt aus der Erbauungszeit erhalten geblieben. Der mächtige Turm, bestückt mit einer Bronzeglocke von 1481 aus der Glockengießerei Klaus Rimann in Naumburg, steht wie ein Schild vor dem Kirchenschiff. Eine Rundbogenpforte mit einem darüber angeordneten Rundbogenfenster öffnet zum Kirchenraum in der Südseite des Kirchenschiffes.

Wie Tilleda und Allstedt wurde auch Memleben schon in ottonischer Zeit als Königspfalz genutzt. An den milden Ufern der Unstrut und inmitten von urkundlich von Otto II. bereits 998 erwähnten Weinbergen ließ es sich schon sein Großvater Heinrich I. wohl ergehen. Hier verstarb er 936, wurde aber in seine Grabkirche Quedlinburg überführt. Sein Sohn und Nachfolger auf dem deutschen Königsthron, Otto I., stiftete in der Pfalz eine Kirche zu Ehren Marias, in der Kleriker für den verstorbenen Vater und seine Familie beten sollten. Die in ihren Abmessungen ungewöhnlich große Basilika besaß zwei Querhäuser mit ausgeschiedener Vierung und zwei Chören mit Krypten. Schon lange bevor Otto in Magdeburg große politische und bauliche Pläne verfolgte, hat er in Memleben mit der Königsbasilika den Gründungsbau der imperialen Klosterbaukunst des deutschen Mittelalters geschaffen. Auch Otto I. verstirbt hier 973. Seine Eingeweide werden in der Marienkirche, seine Gebeine aber im Magdeburger Dom beigesetzt. Am Sterbeort von Vater und Großvater stiftet Otto II. ein Benediktinerkloster, das er mit großem Besitz und besonderen Rechten ausstattet. Es untersteht direkt Kaiser und Papst und wird dem Rang der mächtigsten Reichsklöster Fulda und Reichenau gleichgestellt.

Bei Bad Kösen hat sich die Saale tief in die Hochflächen eingeschnitten. Über dem Flusstal thront die Ruine der Rudelsburg mit ihrem 20 Meter hohen romanischen Bergfried, auf dem Bergrücken rechts der Rundturm der Burg Saaleck. Als Zollburgen der „Kösener Pforte" haben sie im 12. Jahrhundert Bedeutung erlangt. Die einzigartige Verbindung von Landschaft und Burgen ließ diesen Saalewinkel schon im frühen 19. Jahrhundert zum romantischen Anziehungspunkt für Studenten der nahegelegenen Universitätsstädte Halle, Leipzig und Jena werden.

Mit dem letzten ottonischen Herrscher Heinrich II. tritt Memleben in die Reihe der üblichen Klostergründungen zurück. Er unterstellt den Besitz dem Kloster Hersfeld, um mit dafür eingetauschtem Besitz das von ihm gegründete Bistum Bamberg auszustatten. Von der ottonischen Kirche sind nur noch Reste wie das Kaisertor und Teile der südlichen Langhauswand und der Grundriss erhalten. Daneben errichteten die Benediktinermönche Anfang des 13. Jahrhunderts eine zweite kreuzförmige Klosterkirche, die als romantische frühgotische Ruine mit vollständig erhaltener dreischiffiger romanischer Krypta zu besichtigen ist. Mit Unstrut und Gärten, Klostermauer und Klostergebäuden, Weinbergen und Museum bilden die Kirchen eine Idylle, die zum Bleiben anregt.

Zwischen den Orten Bad Bibra und Steinbach steht eine romanische Kirche, die ihr 952 erst erwähntes und wahrscheinlich im 30-jährigen Krieg (1618–1648) zerstörtes Dorf Steinbach verloren hat. Das neue Steinbach wurde später in einiger Entfernung gegründet, wodurch die Kirche solitär in der Landschaft hervorsticht. Die Margarethen-Kirche am Flüsschen Steinbach wurde wahrscheinlich von Baumeistern und Steinmetzen der Naumburger Dombauhütte zur Mitte des 13. Jahrhunderts errichtet. Während ihre Bauornamente am Außenbau noch vergleichsweise schlicht daher kommen, beeindruckt der Innenraum mit Chorbogen und Apsis mit hochwertigen Kapitellen und Pflanzenornamenten.

Auf einem schmalen Bergrücken am Südrand der Finne erbaute Markgraf Ekkehard I. von Meißen, der Gründer der Stadt Naumburg, zur Sicherung der Ostgrenze seines Gebietes sowie wichtiger Verkehrswege wie die „Via Regia" 998 die Eckartsburg. Nach dem Aussterben der Ekkehardinger wird Burg und Stadt Eckartsberga 1121 an Ludwig den Springer, Landgrafen von Thüringen, vergeben. Die romanische und gotische Burgruine um den mächtigen Pallas, der mit den erhaltenen Wohntürmen der Querfurt, Neuenburg und Giebichenstein zu den bedeutenden Vertretern Mitteldeutschlands zählt, veranlasste noch Goethe zu seiner Dichtung über den „getreuen Eckart".

Über die „Via Regia", die bedeutendste mittelalterliche Handelsstraße Deutschlands in west-östlicher Richtung, ist die Eckartsburg mit den beiden Saale-Burgen Rudelsburg und Saaleck bei Bad Kösen verbunden. Als Zollburgen der „Kösener Pforte" haben sie im 12. Jahrhundert Bedeutung erlangt. Aber auch für die Romantiker waren sie unabdingbares Anschauungsmaterial. Aus den nahen Universitäten Halle, Leipzig und Jena zog es Studenten hierher, spätestens seit der Einrichtung der ersten Schänke auf der Rudelsburg 1827 durch den Wirt Samiel. Dem gastronomischen Ausbau der Rudelsburg zwischen weinumstandenen Hängen im 19. Jahrhundert mit Rittersaal und Kellern folgten die Denkmäler des seit 1848 hier tagenden Kösener Senioren-Convents-Verbandes, dessen Studentenverbund auch Reichskanzler Otto von Bismarck angehörte. Im Burghof wie in verschiedenen Sälen können die Gäste auch heute wieder gastronomische wie kunstgeschichtliche Besonderheiten gemeinsam erleben. In Bad Kösen selbst, einem seit dem 18. Jahrhundert aufstrebendem Solekurort, hat sich einer der seltensten romanischen Bautypen vollständig erhalten: der Wirtschaftshof des Klosters Pforta. Der „Romanisches Haus" genannte Bau beherbergt ein Museum, das die größte Sammlung von Puppen der 1883 geborenen Kösener Unternehmerin Käthe Kruse besitzt.

Das dazugehörende, bau-, kunst- und kulturgeschichtlich höchst bedeutende Marienkloster Pforta liegt wie bei den Zisterziensern üblich in einer Flußniederung, hier der Saale. Die Mönche wurden 1137 hier angesiedelt, erhielten im 13. und 14. Jahrhundert zahlreiche Schenkungen und konnten bereits 1175 Tochterklöster in Leubus/ Schlesien und Altzella/ Sachsen gründen. In ihrem Umfeld förderten sie vor allem den Fluss- und Brückenbau, das Mühlenwesen, die Landwirtschaft und den Weinbau, dessen Flächen sie ausweiteten und mit dem sie Handel trieben. Die Urkunde über den ältesten, auch heute noch aufgerebten Weinberg Deutschlands, den Pfortenser Köppelberg, stammt von 1147. Von den mit einer Umfassungsmauer gesicherten Klostergebäuden der romanischen Zeit sind die Abtskapelle, die Klausurflügel um den Kreuzgang und die Mühlenanlage zu erwähnen. Die romanische Klosterkirche wird nach 1240 durch eine strenge gotische Mönchsbasilka ersetzt, die vom Neubau der Kirche des Mutterklosters Walkenried im Harz beeinflusst wurde. Bis ins 19. Jahrhundert wurde im Stil der Renaissance, des Barock und der Neogotik neu- und umgebaut, da das Kloster nach seiner Auflösung in der Reformation nicht seinem Schicksal anheimfiel, sondern 1543 neben Grimma und Meißen Fürstenschule des Kurfürstentums Sachsen wurde. Mit Unterbrechungen ist Schulpforta bis heute Landesschule zur Ausbildung begabter Kinder geblieben. So bedeutende Personen wie der Dichter Friedrich Gottlieb Klopstock aus Quedlinburg, die Philosophen Johann Gottlieb Fichte aus Rammenau und Friedrich Nietzsche aus Naumburg, der Historiker Leopold von Ranke aus Artern und der Ägyptologe Karl Richard Lepsius aus Naumburg haben hier die Schulbank gedrückt. Auch Goethe schickte seinen Sohn August aus Weimar – jedoch ohne Erfolg.

Dort, wo die Unstrut in die Saale mündet, auf einer Bergterrasse gründet der 1002 ermordete Markgraf Ekkehard I. von Meißen den neuen Stammsitz und die Stadt Naumburg als Bollwerk gegen die Slawen. Die beiden Söhne Hermann und Ekkehard II. sichern das väterliche Erbe und gründen in der Vorburg eine Stiftskirche mit ihrer Familiengruft. Einen zweiten Wendepunkt für die Geschichte der Region brachte das Jahr 1028, als Papst Johannes XIX. die Verlegung des Bischofssitzes von Zeitz nach Naumburg genehmigte. Da die beiden Ekkehardinger kinderlos verstarben, bürgte nunmehr das geistliche Regiment des Naumburger Bischofs für die Entwicklung der aufblühenden Handelsstadt.

Zwar wurden in die frühromanische Bischofsbasilika St. Peter und Paul um 1160 eine noch erhaltene Ostkrypta eingefügt, doch genügte der Bau den modernen Ansprüchen nicht mehr. Vor 1213 wurde mit dem Neubau begonnen, der spätromanische und frühgotische Gestaltungsmittel sowie sächsische und rheinische Baumeister bis ungefähr 1260 zusammenführt. Die Pfeilerbasilika mit Querhaus besitzt einen Ost- und einen Westchor, die jeweils von zwei Türmen begleitet werden. Dadurch bietet der Dom schon aus der Ferne ein herrschaftliches Erscheinungsbild. Dieses setzt sich nach dem Eintritt durch das bedeutende romanische Hauptportal mit seinen tiefen Gewändestufen im Innenraum mit den beiden Chören und Lettneranlagen fort. Der Ostchor wurde um 1330 durch einen hochgotischen Neubau ersetzt, die dazugehörige Krypta und der älteste auf deutschem Boden erhaltene Hallenlettner blieben jedoch unberührt. Der den Westchor abschirmende Lettner ist wie die dahinter aufgestellten Stifterfiguren ein Werk des sogenannten „Naumburger Meisters" und seiner Werkstatt. Der anonyme Bildhauer war zunächst an den Kathedralen Westfrankreichs wie Reims und Amiens tätig, schuf dann den Westlettner des Mainzer Doms, von dem einige Fragmente erhalten

Die Stifterfiguren Ekkehards II. von Meißen und seiner Gemahlin Uta von Ballenstedt im Naumburger Dom wirken wie ihre steinernen Adelskollegen in mittelalterlicher Farbfassung wie lebensecht. Das Markgrafenpaar war zu Zeiten der Denkmalsetzung durch den Naumburger Meister um 1250 bereits 200 Jahre tot, aber auch fast 800 Jahre später haben sie nichts von ihrer Frische eingebüßt.

sind, und ging von Naumburg aus zur Meißener Dombauhütte, um dort sieben überlebensgroße Statuen zu entwerfen. In einer für die Zeit ungeheuren Lebendigkeit werden uns seine Bildwerke in Naumburg vorgeführt. Die acht farbig gefassten Reliefs und die Kreuzigungsplastik des Lettners stellen die wichtigsten Szenen der Passion Christi dar, jedoch handeln die beteiligten Akteure in der Kleidung des 13. Jahrhunderts. Auch der filigrane pflanzliche Dekor der Kapitelle ist direkt der Natur der Umgebung entnommen, eingeschlossen des Laubs der Weinstöcke. Die zwölf überlebensgroßen Figuren von Männern und Frauen, die dem Naumburger Dom durch Stiftungen verbunden waren, sind die qualitative Krönung dieser lebensnahen Bildhauerkunst. Selbst aus dem Kreuzworträtsel sind das Markgrafenpaar Ekkehard und Uta jedermann in Deutschland bekannt. Obwohl die Stifter zum damaligen Zeitpunkt alle schon fast 200 Jahre tot waren, sind sie vom Gesicht bis zum Gewand als Individuen durchgebildet und wirkten in noch frischer Farbigkeit wie täuschend echt.

Wie der Name des Ortes schon sagt, geht das 1140 erstmals erwähnte Dorf Flemmingen bei Naumburg auf die Besiedlung von 15 Siedlerfamilien aus Flandern zurück. Die Flamen haben eine besondere Bedeutung bei der Wiedereroberung, Christianisierung und Besiedlung der Grenzgebiete zwischen Sachsen und Slawen im 12. Jahrhundert gespielt. Der unter Hoheit des Naumburger Bischofs stehende neue Ort gelangte um 1160 in den Besitz des Klosters Pforta, während beispielsweise Steinbach bei Bad Bibra vom Kloster an den Bischof überging. Der Bau der Pfarrkirche St. Lucia als Chorturmkirche geht auf das letzte Viertel des 12. Jahrhunderts zurück. Im Innern sind besonders die romanischen Würfelkapitelle und der barocke Kanzelaltar zu beachten. Die spätromanischen Wandmalereien in Apsis und Chor sind um 1200 entstanden.

Der Burgward Schönburg östlich von Naumburg bildete mit zwölf umliegenden Dörfern seit dem 12. Jahrhundert einen größeren, zum Hochstift Naumburg gehörigen Güterbezirk. Die Burg Schönburg selbst, über dem gleichnamigen Ort gelegen, wurde 1137 erstmals urkundlich erwähnt. Die heutige Anlage wurde im Wesentlichen von 1175 bis 1250 erbaut und soll nach einer Sage durch den Thüringer Landgrafen Ludwig den Springer

Das Wein- und Burgenland: von Kyffhäuser, Saale und Unstrut

Die romanische Krypta der Stiftskirche St. Peter und Paul in Zeitz ist der älteste erhaltene Teil der Domgründung Kaiser Ottos I. In ihr sind in barocken Sarkophagen die Mitglieder der 1656 bis 1718 regierenden Herzogsfamilie von Sachsen-Zeitz beigesetzt.

gegründet worden sein. Die Höhenburg erhebt sich auf einem Sandsteinfelsen etwa 40 Meter über der Saale. Die Anlage besteht aus der Vor- und der Kernburg, jeweils mit einem nahezu rechteckigen Grundriss, deren Wehrmauern in großen Teilen noch erhalten sind. Zwischen beiden liegt ein Zwinger, durch den ein Kammertor mit romanischen Kantensäulen in der Torlaibung führt. Sehenswert ist vor allem der 32 Meter hohe, besteigbare Bergfried aus der Zeit um 1230 mit seinem schönen Kamin im Turmgemach und der Wachstube an der Turmspitze. Da die Anlage nach der Verbreitung der Feuerwaffen nicht mehr den militärischen Erfordernissen angepasst oder zum Schloss umgebaut wurde, blieb ein erheblicher Teil aus der mittelalterlichen Bauzeit erhalten. Das Gebäude neben dem Tor zur Vorburg ist die ehemalige Försterei, in der heute eine Gaststätte untergebracht ist, und wurde 1539/40 im Stil der Renaissance erbaut

Die auf einem Bergvorsprung in der Elsteraue gelegene Königsburg stiftete Kaiser Otto I. 968 zur Gründung des Bistums Zeitz, das dem Erzbistum Magdeburg unterstellt wurde. Nachdem Bischof Hildeward auf Betreiben der Ekkehardinger 1028 seinen Sitz nach Naumburg verlegte, wurde die Bischofskirche St. Peter und Paul in ein Kollegiatstift umgewandelt. Bei Auseinandersetzungen mit der Stadt Naumburg im Hoch- und Spätmittelalter zog sich der Bischof jedoch immer wieder in seine Zweitresidenz Zeitz zurück. Als letzter katholischer Bischof von Naumburg ist es auch der 1564 verstorbene Humanist Julius von Pflug, dessen Epitaph aus der Nürnberger Vischer-Werkstatt sich in der Stiftskirche befindet. Die von ihm und seinen Vorgängern bewohnte, stark befestigte Burg geht im 30jährigen Krieg zugrunde. Die dazugehörige und in den Gesamtkomplex integrierte Stiftskirche wird ab 1350 unter weitgehender Beibehaltung der romanischen Substanz neugestaltet, ein polygonaler gotischer Chor angefügt und um 1500 der Umbau zur Hallenkirche vollendet. Im Barock bauen die Herzöge von Sachsen-Zeitz als Seitenlinie der Kurfürsten Zeitz Stadt, Schloss und Dom zu ihrer Residenz aus. Zwischen 1657 und 1673 wird die Dreiflügelanlage des Schlosses errichtet, in der unter anderem die größte Kinderwagensammlung der Welt untergebracht ist, und die ab 1664 der Dreifaltigkeit gewidmete, nunmehrige Schlosskirche mit Altären und Kanzel, Logen, Epitaphien und Orgel barock ausgestattet. Die romanische Krypta dient der sächsischen Seitenlinie der Herzöge von Sachsen-Zeitz als Grablege mit barocken Sarkophagen.

Burg Goseck als Stammsitz der sächsischen Pfalzgrafen überragt auch heute noch das Saaletal. Den Vorgängerbau, der erstmals im zwischen 881 und 899 entstandenen Hersfelder Zehntverzeichnis erwähnt wurde, ließen die Söhne des Pfalzgrafen Friedrich I., der spätere Erzbischof Adalbert von Hamburg-Bremen sowie die Pfalzgrafen Dedo und Friedrich II., 1041 abbrechen und in ein Benediktinerkloster umwandeln, das bereits 1053 durch Adalbert geweiht wurde. Von der Klosterkirche sind heute noch die Ostteile mit Querhaus, Vierung und Chor samt der salischen Einstützen-Krypta erhalten. Von 1997 bis 2014 saniert, zeigt sich der romanische Kernbau als ebenbürtiges sächsisches Pendant zu den salischen Großbauten der Pfalz, dem Dom zu Speyer und der Stiftskirche zu Limburg. Anstelle des im 13. Jahrhundert erbauten Langhauses steht das heutige, vor allem unter Bernhard von Pölnitz ab 1609 erbaute Schloss. Denn das Kloster wurde infolge der Reformation 1540 säkularisiert und in ein Rittergut umgewandelt. Zur Gutsherrschaft Goseck gehörten die Dörfer Goseck, Dobichau, Kleingräfendorf, Pettstädt, Teile der Dörfer Markröhlitz und Eulau. Über verschiedene Familien kam Goseck 1840 an Julius Graf von Zech-Burkersroda, in dessen Familie es bis 1945 blieb. Das nach und nach freigelegte und genutzte Ensemble beherbergt vor allem ein Europäisches Musik- und Kulturzentrum, das sich der Aufführung mittelalterlicher Musik verschreibt, wodurch vor allem durch das Festival Montalbâne ein Gesamtkunstwerk entsteht.

Während in Goseck Saale, Schloss und Musik zu einer romantischen Einheit verschmelzen, sind es in Zscheiplitz Unstrut, Kloster und Wein. Der Ort liegt am erhöhten linken Ufer der Unstrut in Sichtweite der Neuenburg etwa zwei Kilometer westlich von Freyburg. Die erste urkundliche Erwähnung von Zscheiplitz datiert auf das Jahr 1085. In der Burg Weißenburg lebte und starb zu dieser Zeit Pfalzgraf Friedrich III. von Sachsen. Nach dessen Ermordung wurde die Anlage auf dem Bergsporn 1089 durch seine Witwe Adelheid, die inzwischen den mutmaßlichen Mörder Ludwig den Springer als Thüringer Landgrafen geheiratet hatte, als Sühne in ein Benediktinerinnenkloster umgewandelt. In der Reformation als Rittergut säkularisiert, ist vom mönchischen Leben nur die Klosterkirche St. Bonifatius übrig geblieben. Von den als Verein von Laien organisierten Klosterbrüdern wurde die romanische Chorturmkirche saniert und 1994 wieder eröffnet. Nach einem Fernblick über die Unstrutlandschaft, von wo bereits Napoleon den Rückzug seiner Truppen nach der Niederlage in der Völkerschlacht bei Leipzig 1813 beobachtet hat, kann man im angrenzenden, in einem Teil des Rittergutes untergebrachten Prädikatsweingut ein weiteres Juwel dieser Landschaft genießen.

Im Zentrum des Weinbaugebietes Saale-Unstrut liegt Freyburg an der Unstrut. Entlang der Südhänge von Naumburg kommend entdeckt man zuerst bei Großjena das Steinerne Bilderbuch, großformatige Sandsteinreliefs über den Wein vom biblischen Noah bis zu Herzog Christian von Sachsen-Weißenfels - dem „Wilden Christian", die ein Naumburger Bürger um 1720 hat einmeißeln lassen. Direkt daran anschließend erhebt sich der Weinberg eines der berühmtesten deutschen Bildhauer und Maler der Wende zum 20. Jahrhundert. Max Klinger, der hier in Wohn- und Atelierhaus seine Weinernte genoss, liegt auch inmitten der Reben begraben. Nach Freyburg zu stehen die historischen Weinberghäuser immer dichter gedrängt und darüber erhebt sich die Bergfeste der Neuenburg.

Die historische Stadt mit qualitätvoller romanischer Kirche St. Marien in der Nachfolge des Naumburger Doms und spätgotischem Rathaus beherbergt neben den Weingütern und -gaststätten zwei Besonderheiten in ihren Stadtmauern. Da ist das Wohnhaus und das Grab des 1852 verstorbenen „Turnvaters" Friedrich Ludwig Jahn, der verbannt in Freyburg nahe der ihm verwehrten Universitätsstädte Jena, Leipzig und Halle lebte. Dem Begründer der deutschen Turnerbewegung ist ein Museum und eine Ehrenhalle gewidmet, in der sich die deutschen Turnver-

eine wieder alljährlich versammeln. Ungefähr gleichzeitig wird in der Turnerstadt eine der ersten Sektkellereien Deutschlands gegründet. Der erhaltene historische Firmenkomplex mit Lichthof und 120.000-Liter-Faß erinnert an die Unternehmer Kloss und Förster. Den Sektnamen Monopol müssen die Eigentümer 1894 in Rotkäppchen umbenennen. Und mit dieser Marke werden sie unter Kaiser Wilhelm II. führend im Deutschen Reich. Geistige Nahrung bietet auch die zentral gelegene Stadtkirche, die von dem Thüringer Landgrafenpaar Ludwig IV. und seiner später heilig gesprochenen Gemahlin Elisabeth von Thüringen veranlasst wurde. Die dreischiffige Basilika mit den drei markanten Türmen wurde in den Grundzügen um 1225 erbaut und zieht in ihrem Äußeren und Innern die Besucher an, die im Gegensatz zum Naumburger Dom Ruhe und Besinnung suchen.

Die ausgedehnte Burganlage auf dem steilen Schlossberg über Stadt und Stadtkirche Freyburg wird von den aus Mainfranken stammenden Ludowingern, den späteren Landgrafen von Thüringen, um 1090 gegründet. Die aus Vor- und Hauptburg bestehende, doppelt so große Schwester der Wartburg überragt der runde Wehrturm „Dicker Wilhelm". Bedeutende Bauten aus Mittelalter, Renaissance und Barock haben in der großzügigen Burganlage Platz, ob es der romanische Wohnturm über dem Unstruttal oder der repräsentative Fürstenbau ist. Besondere Beachtung verdient die seltene Doppelkapelle mit dem Untergeschoß für das Gesinde und dem Privatoratorium der landgräflichen Familie im Obergeschoß. Für diese, Anfang des 13. Jahrhunderts entstandene Kapelle hat sich Landgraf Ludwig IV. nicht nur niederrheinische Baumeister kommen lassen, die die arabisch anmutenden gezackten Gurtbögen nach dem Vorbild von St. Andreas in Köln meißelten, sondern auch die Schiefersäulen aus den Ardennen. Die Thüringer Landgrafen waren aber nicht nur machtpolitisch und künstlerisch auf der Höhe, sondern sie sind um 1200 die bedeutendsten literarischen Mäzene des deutschen Reiches. Von den Minnesängern, die sie um sich sammelten, hat Heinrich von Veldecke auf der Neuenburg seinen „Eneide" vollendet, das früheste Versepos in deutscher Sprache und die erste Übertragung eines antiken Stoffes in der deutschen Literatur. Und zeitgleich wirkt die bereits 1235 heiliggesprochene Elisabeth von Thüringen, Tochter des Ungarnkönigs Andreas II., nach dem Kreuzzugstod ihres Gemahls Ludwig IV. auf der Neuenburg als Mildtäterin.

Besondere Beachtung in der großzügigen Burganlage auf dem steilen Schlossberg in Freyburg verdient die seltene, Anfang des 13. Jahrhunderts entstandene Doppelkapelle mit dem Untergeschoss für das Gesinde und dem Privatoratorium (Foto) der landgräflichen Familien im Obergeschoss.

Das Wein- und Burgenland: von Kyffhäuser, Saale und Unstrut

Burg Goseck überragt als alter Stammsitz der Pfalzgrafen von Sachsen noch heute das Saaletal. Bereits 1053 weihte Erzbischof Adalbert von Bremen-Hamburg als Mitglied der Familie die in ein Kloster umgewandelte Anlage mit Kirche. Vorgängerbau war eine Burg, die erstmals im zwischen 881 und 889 entstandenen Hersfelder Zehntverzeichnis erwähnt und 1041 abgebrochen wurde. Von der danach errichteten Klosterkirche sind heute noch die Ostteile (Querhaus mit Vierung und Chor) sowie die romanische Krypta erhalten, die am 5. November 1046 geweiht wurde. Goseck gehört damit zu den hochrangigsten Zeugnissen romanischer Baukunst.

Das Wein- und Burgenland: von Kyffhäuser, Saale und Unstrut

Mit der Verlagerung des Bischofssitzes von Zeitz nach Naumburg wuchs ab 1028 auch eine neue Kathedrale in Naumburg heran. Um den Ansprüchen zu genügen, wurde unter Einbeziehung älterer Bauteile ab 1213 ein spätromanisch-frühgotischer Neubau errichtet, der Dom St. Peter und Paul. Die Pfeilerbasilika besitzt einen Ost- und einen Westchor sowie vier, die Saale-Landschaft und die Stadt dominierende Kirchtürme. Innen ist das Gotteshaus reich ausgestaltet, unter anderem mit den Figuren von Uta und Ekkehard sowie zehn weiteren Stifterfiguren im Westchor.

Das Wein- und Burgenland: von Kyffhäuser, Saale und Unstrut

Den außergewöhnlichen frühgotischen Westlettner des Naumburger Doms schuf ein anonymer Schöpfer, der sogenannte Naumburger Meister, und seine Werkstatt. In der Mitte der Schrankenanlage steht, fast auf gleicher Höhe mit dem Betrachter, der ans Kreuz geschlagene Christus mit Maria und Johannes zu beiden Seiten. Den oberen Abschluß der Lettnerwand bilden acht Passionsszenen. Alle Figuren, auch die des hinter dem Lettner liegenden Westchors, zeigen eine Realitätsnähe, wie sie nirgendwo sonst zu dieser Zeit zu finden ist. Nach Lehrjahren in Frankreich und Arbeiten in Mainz müssen diese Skulpturen des Meisters für den Naumburger Dom wie ein Paukenschlag in der mitteldeutschen Bildhauerkunst gewirkt haben.

Das Wein- und Burgenland: von Kyffhäuser, Saale und Unstrut

Zu den ältesten und größten Burgen in Deutschland zählt Querfurt. Sie ist unter den achtzehn Burgen, die das Hersfelder Zehntverzeichnis (entstanden zwischen 881 und 899) bereits nennt, die bedeutendste und in ihrer hochmittelalterlichen Gestalt sieben Mal umfänglicher als die Wartburg. Vom 10. bis 15. Jahrhundert blieb die Anlage im Besitz der Edlen Herren von Querfurt, deren bedeutendster Vertreter, der heilige Brun, als Apostel der Prußen 1009 den Märtyrertod erlitt. Die über der gleichnamigen Stadt und dem Flüsschen Querne sich erhebende Burg vermittelt durch ihren guten Erhaltungszustand, ihren mächtigen Bastionen und 16 Meter tiefen Trockengräben beispielhaft die Grundzüge des mittelalterlichen Burgenbaus. Davor steht der „Dicke Heinrich", ein um 1070 errichteter Wehrturm mit seinen fast 15 Metern Durchmesser.

Die Halleschen Heiltümer: von der Saale an die Elbe

Wie ein „Blaues Band" durchziehen Saale und Elbe mit ihren unzähligen Nebenflüssen die Landschaft zwischen Merseburg und Burg bei Magdeburg. Hier stoßen auch die großen mittelalterlichen Herrschaftsgebiete der Kurfürsten von Sachsen, der Herzöge von Anhalt und der Erzbischöfe von Magdeburg aufeinander. Entsprechend vielfältig sind die erhaltenen romanischen Kunstwerke im Raum zwischen den Schwesterstädten Halle an der Saale und Magdeburg an der Elbe. Das Mittelalter reicht hier von den „Merseburger Zaubersprüchen", einer aus dem 9./10. Jahrhundert stammenden Beschwörung heidnischer Göttermythen und zugleich ältestes erhaltenes deutsches Schriftgut, bis zu den Kunstsammlungen Erzbischof Albrechts von Brandenburg an der Zeitenwende zur Neuzeit. Gleichzeitig Kardinal, Erzbischof von Mainz und Magdeburg, Bischof von Halberstadt, Kurfürst und Primas von Deutschland war Albrecht um 1500 der exponierte Vertreter der katholischen Kirche. Von Widersprüchen bestimmt, war er es auch, der den Dominikanermönch Tetzel auf Ablasshandel für den Bau der Peterskirche in Rom schickte, damit Luthers Thesenanschlag 1517 in Wittenberg provozierte und so die deutsche Kirchenspaltung einleitete. Er war es aber auch, der in Halle die Frührenaissance einführte, als Mäzen moderner Künstler wie Matthias Grünewald und Albrecht Dürer auftrat und mit den deutschen Humanisten wie Erasmus von Rotterdam geistigen Austausch pflegte. Zentraler Ort seines neuen Hofes in Halle war die zum Neuen Stift umgebaute Dominikanerkirche, ein mit umlaufenden Rundgiebeln bestücktes, schreinartiges Gebäude, das der Aufstellung des „Halleschen Heiltums" dienen sollte. Neben dem Schatz des sächsischen Kurfürsten Friedrich des Weisen, des Gönners von Luther, in Wittenberg besaß Albrecht in Halle damit die größte Reliquiensammlung Deutschlands. Die später verstreuten und eingeschmolzenen Gold- und Silberreliquiare sind als Sammlung von aquarellierten Zeichnungen erhalten geblieben - einmaliges Zeugnis am epochalen Endpunkt des Mittelalters.

Auf dem Hochufer der Saale zwischen den Mündungen von Geisel und Klia erhebt sich inselartig der Merseburger Domberg. Dort befand sich schon im Jahr 920 Residenz und Stiftskirche König Heinrichs I., die sich zu einer der bedeutenden deutschen Pfalzanlagen des 10. bis 12. Jahrhunderts mit herausragenden Hoftagen entwickelte. Der Höhepunkt dieser königlichen Prachtentfaltung liegt in der Regierungszeit Kaiser Heinrichs II., der 1009 den bedeutenden Chronisten des frühen deutschen Mittelalters, Thietmar von Walbeck, hier zum Bischof erhebt. Merseburg ist die mit Abstand am häufigsten aufgesuchte deutsche Königspfalz. Später gehen Königsmacht und -pfalz an die Bischöfe über, die sich wiederum 1561 der Macht des Kurfürstentums Sachsen beugen müssen. Zwischen 1656 und 1738 hat die Nebenlinie der Herzöge von Sachsen-Merseburg hier ihren Sitz, wodurch die dem Dom benachbarten Residenzgebäude und die Residenzstadt ein barockes Gepräge erhalten. Einer der letzten Bischöfe, Thilo von Throtha, dessen Grabdenkmal der Nürnberger Peter Vischer der Ältere um 1490 im Dom geschaffen hat, erbaute jedoch schon das Renaissanceschloss mit seinen auch den Dom einbeziehenden Staffelgiebeln.

Aufgrund eines Gelübdes vor der Schlacht auf dem Lechfeld hat schon Otto der Große 968 in der Stiftskirche St. Johannes und Laurentius ein Bistum gegründet. Der Neubau aus dem 11. Jahrhundert, eine kreuzförmige viertürmige Basilika mit Kreuzgang und Klausur, wurde um 1230 und um 1510 jeweils dem Zeitgeschmack entsprechend umgestaltet. Die von Bischof Thilo konzipierte dreischiffige Hallenkirche mit Netzgewölbe bietet mit ihren bedeutenden Kunstwerken einen Überblick über die mittelalterliche und neuzeitliche Kunst. Die 1042 in Gegenwart Kaiser Heinrichs II. geweihte Krypta, eine der ältesten Hallenkrypten Mitteldeutschlands, sei mit ihren Bündelpfeilern als eine Inkunabel romanischer Architektur genannt. Auch aus der herausragenden Ausstattung soll nur die Bronzegrabplatte Rudolfs von Schwaben genannt werden, der 1080 bei Hohenmölsen als Gegenkönig Heinrichs IV. die Schlacht gewinnt und doch sein Leben lässt. An Qualität ein Kunstwerk von europäischem Rang ist sie das älteste Figurengrabmal des deutschen Mittelalters. Wie ein christlicher Märtyrer wurde Rudolf an liturgisch bedeutender Stelle, in der Mitte der Kirchenvierung beigesetzt. Ursprünglich vergoldet und mit Edelsteineinlagen in Augen und Kronreif versehen, erscheint der König wie lebend in Ausführung seiner Amtsgeschäfte, in Königsornat mit Reichszepter und -apfel. Mit diesem Bronzeguss beginnt die lange und vielfältige Reihe der Domgrabmäler vom 11. bis 19. Jahrhundert. Gegenüber an der prächtigen und klangreichen Barockorgel mit 5687 Pfeifen, die Friedrich Ladegast um 1850 erneuerte, hat auch Franz Liszt konzertiert und mehrere Stücke für sie geschrieben.

Jenseits der Saale wird 1188 dem Merseburger Bischof durch Kaiser Friedrich Barbarossa die Erlaubnis erteilt, seinen Markt zu erweitern. Der damals expandierende Wirtschaftsplatz Merseburg verliert im Spätmittelalter seine Rolle für den Fernhandel an die günstiger gelegenen Konkurrenten Leipzig und Naumburg. Die Neumarktkirche aus der großen Zeit der Stadt in der Romanik hat die Jahrhunderte fast unbeschadet überstanden. Das seltene Patrozinium des Thomas Becket verweist auf den 1170 ermordeten und bereits 1173 heiliggesprochenen Erzbischof von Canterbury, was einen Anhaltspunkt für die Kirchengründung bietet. Die regelmäßige Kreuzbasilika mit dem Querschiff, den drei Apsiden und dem Stufenportal mit einer Knotensäule verweist durch ihre Bauornamentik auf den Petersberg bei Halle und das süddeutsche Wimpfen.

Zum Stadtgebiet von Halle gehört heute die inmitten des Friedhofs gelegene Dorfkirche in Böllberg. Der romanische Bruchsteinbau gehört zu einer Gruppe mittelalterlicher Kleinkirchen ohne Turm. Außerdem besitzt sie kein Chorquadrat, besteht also nur aus einem Saal mit Apsis. Die seit frühchristlicher Zeit geläufige Urform der Kirche wurde im mitteldeutschen Raum zahllos ergraben, doch hat sie sich selten so unverändert erhal-

ten wie in Böllberg. Die spätgotische Schablonenmalerei an der Decke des Kirchenschiffs bietet die einzige künstlerische Ablenkung innerhalb der romanischen Saalkirche. Mit der 961 durch Otto den Großen erfolgten Übereignung von Kastell, Siedlung und Umland von Halle an der Saale an das spätere Erzstift Magdeburg wird die Geschichte dieser beiden Städte untrennbar miteinander verbunden. Das ewige Bündnis der Schwesterstädte von 1324 findet in der gemeinsamen Entwicklung im Bundesland Sachsen-Anhalt ihre Fortsetzung. Wie Magdeburg und Merseburg zeitweilig Mitglied der Hanse erwuchs Halle besonders durch die Produktion und den Handel mit Salz ungeheurer Reichtum. Mit diesem wirtschaftlichen und bürgerlichen Wohlstand ist auch die 1694 von Kurfürst Friedrich III. eröffnete Universität, an der die gesamte deutsche Aufklärung von Christian Thomasius bis Christian Wolff lehrte, eng verbunden. Der ebenfalls in dieser fruchtbaren Zeit in der Stadt geborene und ausgebildete international tätige Komponist Georg Friedrich Händel krönte seine steile Karriere mit einer Ausstellung als Hofkomponist in London. Ein Museum in Halle bewahrt sein Andenken.

Um die erstarkte Stadtbevölkerung sicher in ihrer Hand zu halten, lassen die Erzbischöfe von Magdeburg die ihnen ebenfalls zugefallene ottonische Burg Giebichenstein immer wieder sichern, aber auch als Wohnresidenz ausbauen. Die Ruine der Oberburg hoch über der Saale ist fast ganz romanisch geprägt. Von hier aus soll sich der wegen des Mordes in Zscheiplitz gefangengesetzte Landgraf von Thüringen, Ludwig der Springer, durch einen gewagten Sprung in die Saale und die Flucht auf die Neuenburg über Freyburg seiner Verurteilung entzogen haben. Im noch bestehenden Biergarten auf der anderen Saaleseite entstand 700 Jahre später im Anblick der romantischen Burgruine das Lied „Im Krug zum grünen Kranze". Das Erscheinungsbild der Unterburg, einer sehr frühen geschlossenen Kastellform, entstammt vorwiegend der Spätgotik. Seit 1921 hat hier die vom Architekten Paul Thiersch im Sinne des Deutschen Werkbundes gegründete Kunstgewerbeschule, heutige Burg Giebichenstein Kunsthochschule Halle, ihren Stammsitz, der in den anschließenden Amtsgarten übergeht. Schon der Magdeburger Erzbischof Ernst begann 1485 mit dem Bau der Neuen Residenz und Festung St. Moritz in der Nordostecke der Stadt Halle, in die die gesamte bischöfliche Hofhaltung von der Giebichenstein nach und nach umzog.

Die kapellenähnliche Dorfkirche St. Nikolaus in Böllberg ist die einzige rein erhaltene Kirche aus der Epoche der Romanik in Halle (Saale). Der turmlose Bau mit Apsis wurde auf einem rechteckigen Grundriss aus Bruchsteinen errichtet.

Doch erst sein Nachfolger Albrecht von Brandenburg entspann von 1514 bis 1541 in seiner Lieblingsresidenz Moritzburg eine Hofhaltung von europäischem Rang.

Im 11. Jahrhundert erlangten die Grafen von Wettin im Raum zwischen Saale und Elbe ausgedehnte Besitztümer. In Landsberg begann Markgraf Dietrich der Bedrängte deshalb mit dem Bau einer der größten Burgen des Raums, um sich von den Thüringer Landgrafen und den Erzbischöfen von Magdeburg abzugrenzen. Die schon im Mittelalter vernachlässigte Anlage wurde durch die Einrichtung eines Steinbruchs zerstört. Einzig die heute freistehende Doppelkapelle St. Crucis hat sich aus dem Ensemble erhalten. Als enger Vertrauter Friedrich Barbarossas begleitete Dietrich den Kaiser 1176 bei dessen Italienzug. Aus der Hand Papst Alexanders III. soll der Markgraf einen Splitter vom Kreuz Christi erhalten haben, der seiner Burgkapelle den Namen geben sollte. Die nur für Deutschland und nur für die Hohenstaufenzeit bezeichnete Herrschaftsform der Doppelkapellen hat sich für die Thüringer Landgrafen in Freyburg und für die Wettiner Markgrafen in Landsberg erhalten. Die eigentlich nur Königen vorbehaltene Kapellenarchitektur, die auf die zweigeschossige Pfalzkapelle Karls des Großen in Aachen zurückgeht, soll die ansteigende Machtfülle der Territorialfürsten dokumentieren. Die zwei übereinander liegenden dreischiffigen Hallen sind durch eine große, durch Pfeiler und Säulen getragene Öffnung miteinander verbunden. Wie beim Magdeburger Dom hat auch Graf Dietrich aus Italien eine Säule mitgebracht und wie eine Reliquie des frühen Christentums bzw. der antiken Kaiserzeit in dem ihm und seiner Familie reservierten Obergeschoß einbauen lassen.

Östlich von Wettin mit der Stammburg der Wettiner über der Saale, die später die Markgrafen von Meißen, Herzöge in Thüringen, Kurfürsten von Sachsen und Könige von Polen stellen, gründete der auf Jerusalem-Pilgerfahrt verstorbene Markgraf Dedo IV. 1124 das Augustiner-Chorherrenstift St. Peter als Grablege seines Geschlechtes. Sein Bruder und Nachfolger Konrad der Große stattet die Neugründung auf dem Petersberg reich aus, erwirkt für sie päpstlichen Schutz und lässt Kirche wie Kloster erbauen. Er wie auch sein Sohn Dietrich von Landsberg werden bereits in der Familiengründung beigesetzt. Die flachgedeckte dreischiffige Pfeilerbasilika mit breitem Westbau weist weit in die Landschaft hinein, da der „Mons serenus" auf seinem Breitengrad die höchste Erhebung zwischen Harz und Ural darstellt. In der Reformation aufgelöst und ausgebrannt, verfällt die Anlage. Erst in der Mitte des 19. Jahrhunderts wird die Kirche wiederaufgebaut. Doch schon Kurfürst August von Sachsen lässt 1567 über den Gräbern seiner Vorfahren ein Renaissance-Prunkgrab mit zehn Grabfiguren von den Dresdner Bildhauern Hans und Christoph Walther aufstellen. Die evangeli-

Die um 1170 errichtete Doppelkapelle St. Crucis der Burg Landsberg erhebt sich als Solitär auf einem steilen Porphyrfelsen, der die flache Landschaft zwischen Halle und Leipzig weithin überragt. Von der eigentlichen Burg des Wettiner Markgrafen Dietrichs des Bedrängten ist nichts erhalten geblieben, doch die Begeisterung des 19. Jahrhunderts für das Mittelalter hat die Kapelle vor dem Verfall gerettet.

sche Christus-Bruderschaft ermöglicht auch heute wieder Einkehr, Gebet und Meditation in mittelalterlichem Raumgefüge.

Schon weit in anhaltischem Gebiet liegt die kleine romanische Feldsteinkirche Altjeßnitz. Sie besteht aus einem kurzen Schiff, eingezogenem Chor und halbkreisförmiger Apsis. Auf dem westlichen Giebel thront als einziger äußerer Schmuck dieser turmlosen Dorfkirche seit 1872 ein achteckiger hölzerner Dachreiter mit Glocke und verschieferter Spitze. Das Kirchlein entstand um 1200 aus Feldstein und soll Teil eines Franziskanerklosters gewesen sein. Das Kircheninnere wird von einer flachen Decke überspannt, die zwischen Schiff und Chor mit einem Triumphbogen abschließt. Bemerkenswert sind die Wandmalereien in der Apsiskalotte, die aus der Entstehungszeit der Kirche herrühren. Sie waren im Laufe der Zeit übermalt worden und wurden erst 1946 wieder entdeckt. Zu erkennen sind der thronende Christus in der Mandorla, umrahmt wohl von Maria, Johannes dem Täufer und einem Bischof neben den vier Symbolen der Evangelisten. Die Kirche ist eingebettet in den weitläufigen Gutspark Altjeßnitz, zu dem auch der berühmte barocke Irrgarten gehört.

Am Rande Bernburgs mit dem prächtigen Renaissanceschloss der Herzöge von Anhalt-Bernburg liegt – wieder an der Saale – das Dörfchen Waldau. Die Annalen des Klosters Moissac nennen 806 „Waladala", den ältesten urkundlich erwähnten Ort Anhalts, anlässlich eines Kriegszugs Karls des Großen gegen die Sorben. Die bescheiden wirkende Dorfkirche St. Stephani gilt als bedeutender Vertreter des klassischen mitteldeutschen Dorfkirchentyps mit Westquerturm, Saalbau, Chorquadrat und Ostapsis, wohingegen die Dorfkirche von Böllberg ganz archaisch wirkt. Neben seinen kargen Formen besticht der Bau des 12. Jahrhundert durch sein sorgfältig gesetztes Bruchsteinmauerwerk.

Das Schloss Bernburg, auch als Krone Anhalts bezeichnet, erhebt sich heute als Renaissanceschloss auf hohem Sandsteinfelsen am östlichen Saaleufer, an der Stelle einer früheren Furt, über der Stadt Bernburg. Die Bernburg wurde vermutlich bereits 961 als sächsische Rund- und Fliehburg mit Wall und Graben in einer Schenkungsurkunde von Kaiser Otto I. erwähnt. Im Jahre 1138 wurde sie im Zusammenhang mit Streitigkeiten zwischen Welfen und Hohenstaufen gebrandschatzt. Zu dieser Zeit war sie Witwensitz der Gräfin Eilika, der Mutter des Markgrafen Albrechts des Bären aus dem Hause der Askanier. In der zweiten Hälfte des 12. Jahrhunderts erfolgte

Waldau/Bernburg liegt an der Saale und beeindruckt mit seiner Dorfkirche St. Stephani, die im 12. Jahrhundert errichtet wurde, in klassischen romanischen Formen und aus sorgsam gesetzten Bruchsteinen.

unter Bernhard III. der Wiederaufbau als große romanische Burganlage. Aus dieser Zeit stammt auch der mächtige Bergfried im Burghof, einer der größten in Deutschland, der nach örtlicher Überlieferung als Handlungsort der 22. Historie des mittelniederdeutschen Volksbuches Till Eulenspiegel gilt und deshalb als Eulenspiegelturm bezeichnet wird. Auch die in Resten erhaltene romanische Burgkapelle St. Pankratius stammt aus der Zeit vor 1200. Weiterhin als Domänen- und Wohnort der Anhalter Fürsten genutzt, wurde die Bernburg erst ab 1538 im Stil der Renaissance als Schloss ausgebaut. Von 1606 bis 1765 war Bernburg Hauptresidenz des regierenden Hauses Anhalt-Bernburg, in deren Zeit auch der Ausbau und die Einrichtung der Anlage fallen. Mit der Verlegung der Residenz 1765 nach Ballenstedt sowie dem Aussterben der Bernburger Linie 1863 versank die Residenz Bernburg in Stillstand, der aber glücklicherweise den Erhalt Bausubstanz aus Mittelalter und Renaissance brachte.

Dort, wo die Bode in die Saale einmündet, liegt Nienburg. Hierhin verlegte 975 Otto II. die reichsunmittelbare Benediktinerabtei Thankmarshausen bei Gernrode im Harz und stattete sie mit dem Grundbesitz des Burgwards Grimschleben aus. Im 11. und 12. Jahrhundert erleben Kloster und Stadt, die mit Münz- und Marktrecht ausgestattet wird, ihre Glanzzeit. Nienburger Benediktineräbte werden zu Bischöfen von Prag, Basel und Verden erhoben; gekrönte Häupter werden in der Abtei St. Maria und Cyprian bewirtet. Das in der Reformation aufgelöste Kloster wird um 1700 zum Witwensitz des Fürstenhauses Anhalt-Köthen umgebaut. Die 1042 begonnene romanische Kirche fällt einem Brand zum Opfer und wird nach 1242 in gotischen Formen über dem alten Grundriss neu errichtet. Die früheste Hallenkirche des Gebiets ist der Frühgotik des Magdeburger Doms und der Elisabethkirche in Marburg verpflichtet. Für das deutsche Mittelalter besonders selten sind zwei Ausstattungsstücke der Klosterkirche. Einerseits sind hier Reste des um 1200 entstandenen Chorfußbodens erhalten. Der Gipsestrich mit eingeschnittenem und mit dunklem Stuck ausgefülltem anspruchsvollem Bildprogramm zeigt den mit den vier Kardinaltugenden umgebenen König Salomon, die antiken Gelehrten Varro und Seneca, eingefasst von Tier- und Fabelwesen. Im Chor erhebt sich andererseits die um 1260 geschaffene Bildsäule, die nach Art der Französischen Kathedralkirchen Monatsdarstellungen mit Tierkreiszeichen in Verbindung setzt.

Die Klosterkirche St. Georg und Pankratius in Hecklingen an der Bode ist trotz der Auflösung des Benediktinerinnenstifts im Zuge der Reformation und Integration in das nunmehrige Rittergut der Familie von Trotha nahezu unversehrt erhalten geblieben. Die flachgedeckte Basilika mit Querhaus ist ab 1150 in „Gebundenem System" errichtet worden, d.h. dass alle Grund- und Aufrissmaße von der Größe des Vierungsquadrats berechnet wurden. Wie in Huysburg und in Drübeck am Harz wird das Langhaus durch den „Rheinischen Stützenwechsel" gegliedert. In die Arkadenwickel wurden gegen 1225/39 vierzehn großformatige Engel aus Stuck modelliert, die wie die Figuren der Chorschranken von Halberstadt farblich gefasst sind und in der Wiedergabe ihrer Gewänder Ähnlichkeiten mit der gleichzeitigen sächsisch-thüringischen Buchmalerei aufweisen.

Auf einer Anhöhe über der Elbniederung liegt inmitten einer Mauer des alten Friedhofs das eher unscheinbare Kirchlein St. Thomas in Pretzien. An der Wegestation zwischen Magdeburg und Leitzkau wurde um die Mitte des 12. Jahrhunderts die Dorfkirche im Typus des Magdeburger Landes erbaut. Im Innern des flachgedeckten Saalbaus mit Chor und Apsis haben sich aber ungewöhnlich reiche Wandmalereien der Zeit um 1250 erhalten, die zu den qualitätsvollsten Mitteldeutschlands gehören. Die erst 1973 entdeckten Arbeiten in Chor und Apsis haben den Vorzug, dass sie später nicht ergänzend restauriert wurden. Dem thronenden Christus des Jüngsten Gerichts, begleitet von Maria, Johannes dem Täufer und Engeln stehen Heilige und Propheten, kluge und törichte Jungfrauen zur Seite, deren Sinngehalt durch Szenen der Jakobslegende und aus Gleichnissen erschlossen werden können.

Von Magdeburg aus hatte Kaiser Otto I. 948 das Bistum Brandenburg gegründet, das jedoch im Slawenaufstand 983 wieder verloren ging. Als deutscher Brückenkopf jenseits der Elbe und bis 1161 provisorischer brandenburgischer Bischofssitz konnte allein Leitzkau gehalten werden. Die 1114 von Bischof Hartbert von Brandenburg errichtete Kirche St. Petri wurde somit zum ersten erhaltenen sakralen Steinbau östlich der Elbe. In seinen Außenmauern ist dieser, 1140 umgebaute Gründungsbau erhalten geblieben, doch geht der Innenausbau und die Ausstattung auf ein einheitliches barockes Konzept der ersten Hälfte des 18. Jahrhunderts zurück. Bänke, Emporen, Altar und Chorgestühl wie der gesamte Raum strahlen in unschuldigem Weiß. Die Glanzzeit Leitzkaus beginnt, als Norbert von Xanten als Erzbischof von Magdeburg an der Peterskirche 1133 das erste Prämonstratenserstift im Missionsgebiet einrichtet.

Die Tochter des Magdeburger Liebfrauenklosters erhält jedoch bald einen repräsentativeren Stiftskomplex außerhalb des Dorfes auf einer Anhöhe. Schon 1155 wird die neue Klosterkirche St. Maria in Monte durch den Magdeburger Erzbischof Wichmann, den Brandenburger Bischof Wigger in Anwesenheit Markgraf Albrechts des Bären eingeweiht – Protagonisten der neuen Ostexpansion. Der deutsche Heeressammelplatz zur Eroberung und das Kloster zur Missionierung Brandenburgs erhält damals eine dreischiffige Basilika in einfachem Stützenwechsel mit Querhaus und Chor, die als imposanter Raum zum größten Teil erhalten ist. Nach Auflösung des Stifts in der Reformation fällt es 1564 an die Familie von Münchhausen, die die Klostergebäude zu einem Herrensitz im Stil der Weserrenaissance umbaut.

In Richtung der Waldgebiete des Hohen Fläming kann auch das romantische Auge wieder seinen Blick schweifen lassen. Die ehemalige slawische Fliehburg Loburg wartet mit der Ruine der Liebfrauenkirche auf. Die rundbogigen Pfeilerarkaden des fünfschiffigen Mittelschiffes, Teile des Triumphbogens,

der rechteckige Chor und zwei Geschosse des breiten Westturms aus Feldsteinen der vor 1200 errichteten Pfarrkirche Unser Lieben Frauen haben dem Zahn der Zeit getrotzt.

Die an der Ihle inmitten flacher Landschaft gelegene Stadt Burg hat sich aus mehreren Siedlungskernen entwickelt. Gemeinsam ist ihnen jedoch, dass sie im Mittelalter an verkehrsgünstiger Lage mit dem Tuchhandel Reichtum erworben haben. Dies zeigt sich auch an den beiden mittelalterlichen Kirchen in der Ober- und in der Unterstadt. Der Stadtbrand von 1268 zerstörte in der Altstadt die romanische Oberkirche Unser Lieben Frauen in weiten Teilen, so dass sie durch einen gotischen Neubau ersetzt werden musste. Die dreischiffige Anlage mit Kreuzrippengewölbe und zweitürmiger Westfassade wird jedoch erst 1455 fertig, die heutige Ausstattung kam in wesentlichen Teilen erst um 1600 dazu. Der Magdeburger Bildhauer Michael Spies steuerte dabei das Taufbecken, die Kanzel und den Altaraufsatz in einheitlichem barocken Gepräge bei.

Die Unterkirche St. Nikolai wird inmitten der von Erzbischof Wichmann von Magdeburg planmäßig angelegten neuen Stadt Ende des 12. Jahrhunderts begonnen. Die an der alten Liebfrauenkirche orientierte Anlage aus Granitquadern besteht aus einem massiven Westriegel mit zwei Türmen, dreischiffigem Langhaus und drei Apsiden. Das durchgehende Querschiff und die ungewöhnlich breite Proportion des Langhauses wirken altertümlich und geben der Pfarrkirche eine ungewöhnliche Grundrissdisposition. Sie entstammen dem römisch-frühchristlichen Kirchenbau, der wieder in karolingischer Zeit in Deutschland Verbreitung fand.

Über die alte Reichstraße/Bundesstraße 1, die in Aachen, der fränkischen Königsstadt Karls des Großen, ihren Anfang nimmt, und früher in der preußischen Krönungsstadt Königsberg in Ostpreußen endete, führt nun der Weg entweder weiter zur neuen Bundeshauptstadt Berlin oder zurück zum Schnittpunkt der „Straße der Romanik", der liudolfingischen Kaiserstadt Ottos des Großen, nach Magdeburg.

In Richtung der Waldgebiete des Hohen Flämings findet sich in dem kleinen Ort Loburg die romantische Ruine der Kirche Unser Lieben Frauen aus dem 12. Jahrhundert. Die rundbogigen Pfeilerarkaden des Langhauses und Teile des Westturms blieben erhalten und wurden bereits um 1900 als geheimnisumwitterte Kulisse restauriert.

Die Halleschen Heiltümer: von der Saale an die Elbe

Auf dem Hochufer der Saale erhebt sich inselartig der Merseburger Domberg. Kaiser Heinrich II. wurde 1015 mit Bischof Thietmar zum Stifter von dessen Domkirche. In der benachbarten Residenz, deren Staffelgiebel aus der Renaissance auch die Saalefront schmücken, hielten zunächst die Merseburger Bischöfe und von 1656 bis 1738 die Herzöge von Sachsen-Merseburg Hof. In der Domstiftsbibliothek werden zahlreiche wertvolle mittelalterliche Handschriften aufbewahrt, unter anderem. die Merseburger Zaubersprüche aus dem 9./10. Jahrhundert.

Die Halleschen Heiltümer: von der Saale an die Elbe

Die aus Unter- und Oberburg bestehende Anlage Giebichenstein erhebt sich auf einem steilen Felsen über der Saale und der Stadt Halle. Die erstmals 961 erwähnte Anlage, die durch einen romanischen Neubau im 12. Jahrhundert (Oberburg) erweitert wurde, war im Mittelalter die sicherste Festung der Magdeburger Erzbischöfe, nachdem Kaiser Otto der Große Kastell, Siedlung und Umland von Halle dem Erzstift übertragen hatte. Der Sage nach soll sich der Thüringer Landgraf Ludwig der Springer (1042–1123), der nach der heimtückischen Ermordung eines Rivalen wegen Liebes- und Machtgeplänkels hier einsaß, durch einen gewagten Sprung von der Burg in die Saale gerettet haben. Die sagenumwobene Ruine der Burg Giebichenstein verdankt ihren Ruhm – ähnlich wie die Rudelsburg – vielen berühmten Besuchern wie Johann Wolfgang von Goethe, Novalis, Clemens Brentano, Ludwig Tieck, Karl Friedrich Schinkel und Joseph von Eichendorff sowie dem Sitz der 1915 unter Paul Thiersch gegründeten, bis heute renommierten Kunsthochschule gleichen Namens.

Die Halleschen Heiltümer: von der Saale an die Elbe

Der Petersberg, die höchste Erhebung auf seinem Breitengrad zwischen Harz und Ural, wird von der Augustinerstiftskirche St. Petrus bekrönt. Markgraf Dedo IV. stiftete von seiner benachbarten Stammburg Wettin aus 1124 das Kloster als Grablege seines Geschlechts, der späteren Kurfürsten von Sachsen und Könige von Polen. In kurzer Bauzeit wurden das Langhaus und der Chor mit Querhaus (1174–1184) errichtet. Der heutige Chor ist das Ergebnis eines Umbaus in der Zeit um 1220-1225. Reste der auf dem Lauterberg, wie der Petersberg bis ins 14. Jahrhundert bezeichnet wurde, errichteten romanischen Kapelle sind noch heute auf dem Klosterfriedhof erkennbar. Archäologen vermuten, dass auf dieser höchsten Erhebung zwischen Harz und Oder, Erzgebirge und Ostsee zuvor eine befestigte Höhensiedlung bestanden hat, die im 8. und 9. Jahrhundert zu einer slawischen Kultstätte ausgebaut wurde. Im Bewußtsein der Bedeutung des Petersbergs für die mitteldeutsche Geschichte wurde nach tiefgreifender Restaurierung die dreischiffige Pfeilerbasilika 1857 in Anwesenheit des preußischen Königs Friedrich Wilhelm IV. geweiht.

Die Halleschen Heiltümer: von der Saale an die Elbe

Blick von der Saale auf das ehemalige Residenz- und Wohnschloss der Fürsten und späteren Herzöge von Anhalt-Bernburg mit Burgterrasse und Bärenzwinger sowie dem Eulenspiegelturm (Bildmitte), dem Bergfried der 961 erstmals erwähnten askanischen Anlage und heute das Wahrzeichen der Stadt Bernburg. Er stammt aus dem 12. Jahrhundert und hat eine Höhe von 44 Metern. Benannt ist er nach dem Schalk Till Eulenspiegel, der hier als Turmwächter tätig gewesen sein soll. Der aus 3,5 Meter dicken Mauern bestehende Turm wurde nach 1570 mit vier Renaissancegiebeln überbaut. Ursprünglich besaß er ein Ziegel-Kegeldach. Die Turmspitze ziert eine Wetterfahne mit dem Bernburger Bären. Der mächtige Bergfried diente einst als sicherer Rückzugsort im Falle eines Angriffs auf die Burg.

Glossar

(→ Hinweis auf Stichwort)

Apsis
Am östlichen Ende einer Kirche befindet sich häufig ein halbrunder oder vieleckiger Anbau, Apsis genannt, in dem auch der Altar steht. Dieser Raumteil hat eine tiefere Decke, die mit einem → Gewölbe geschlossen wird.

Arkade
Das Mittelschiff einer Kirche wird durch eine Mauer mit großen Durchbrüchen von den Seitenschiffen getrennt. Ist diese durchbrochene Wand eine Aneinanderreihung von Bögen, die von → Säulen oder → Pfeilern getragen wird, so spricht man von Arkaden.

Basilika
Eine der ältesten und gebräuchlichsten Bauformen bei Kirchen entstand aus der römischen Basilika, einer Halle, in der Märkte und Gerichtsverhandlungen abgehalten wurden. In der Kunstgeschichte bezeichnet dieser Begriff eine Kirche, deren Mittelschiff höher ist als die begleitenden Nebenschiffe. Zudem befinden sich in der Wand über den Seitenschiffen Fenster, die das Mittelschiff direkt beleuchten.

Blendarkaden
Um eine massive Wand zu gliedern und sie architektonisch aufzulockern, mauerte man ihr → Arkaden vor, die aber fest mit der Wand verbunden waren, also keinen Raum für einen Durchgang ließen. Die Arkaden wurden, wie der Begriff schon sagt, vorgeblendet.

Chor
Im Kirchenbau wird der Ort für die Geistlichkeit zwischen → Vierung und → Apsis als Chor bezeichnet. Er liegt zumeist im östlichen Teil der Kirche. Es kann sich auch ein zweiter Chor im Westen befinden.

Chorquadrat
In der romanischen Baukunst wird der Hauptraum des → Chors auf dem Grundriß eines Quadrates errichtet. Das Quadrat gilt in der Baukunst, besonders zur Zeit der Romanik, neben dem Kreis als vollkommenste geometrische Figur und wird daher für den wichtigsten Raum der Kirche als passend empfunden.

Chorschranke
Durch eine trennende Wand sollte die Geistlichkeit von den Laien, d.h. den einfachen Gläubigen, abgeschirmt werden. Entweder zog man eine gut mannshohe Mauer oder ein Gitter über die gesamte Kirchenbreite vor dem Chorbereich, den man nur durch Türen von der Kirche aus betreten konnte, oder, sollte ein Umgang um den → Chor möglich bleiben, umschlossen die Chorschranken auch den seitlichen und hinteren Teil des dem Klerus vorbehaltenen Raumes.

Dienst
Lange, dünne Säulchen, die auf der Wand liegen oder an eine → Säule bzw. einen → Pfeiler gekoppelt sind. Sie führen bis ins → Gewölbe, wo sie durch ein → Kapitell bekrönt und von einer Gewölberippe weitergeführt werden.

Dom
Der Begriff leitet sich vom lateinischen Domus Dei, Haus Gottes, ab. Anfangs bezeichnete man mit Dom die Amtsgebäude des Bischofs, später dann die bischöfliche Hauptkirche, für die auch der Begriff Kathedrale, abgeleitet von Kathedra, Bischofsstuhl, gebräuchlich ist.

Fries
Der horizontale Abschluß bzw. eine waagerechte Gliederung einer Wand oder eines Wandteils wird mit einem durchlaufenden Schmuckband betont. Zur romanischen Zeit waren die Friese meistens mit Bogenmotiven oder dem sogenannten Zahnschnitt verziert, in der Gotik bevorzugte man florale Motive.

Gebundenes System
Um dem Kirchenbau eine ideale Harmonie zu geben und um auch die Seitenschiffe mit → Kreuzgraten wölben zu können, entstand im Laufe des neunten Jahrhunderts ein Bauschema, das man heute als gebundenes System oder quadratischen Schematismus zusammenfaßt. Es erlebte seine Blüte in der romanischen Zeit um die Jahrtausendwende. Ausgegangen wurde von der Grundrißgröße des Vierungsquadrats. Sowohl der → Chor wie auch die einzelnen Gewölbeabschnitte des Mittelschiffes hatten die gleiche Größe wie das Quadrat der → Vierung. Hatte die Kirche ein

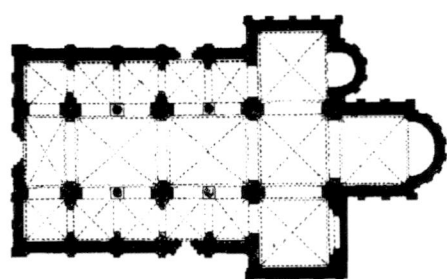

Gebundenes System im Grundriß

→ Querhaus, so hielt sich auch dieses an diese Maße. Die → Joche der Seitenschiffe hatten hingegen die halbe Breite und Länge eines Mittelschiffsabschnitts, so daß auf ein Mittelschiffjoch zwei Joche in den Seitenschiffen kamen. Auch die Höhe hielt sich an diese Proportionen. Die Seitenschiffe bekamen die Höhe eines Quadrates, die anderen Haupträume die doppelte Höhe. Die Vierung konnte durch eine Kuppel ausgezeichnet werden.

Gewölbe
Vor der Erfindung des Gewölbes konnten keine größeren Räume stützenlos gedeckt werden. Das Gewölbe war zudem ein Zeichen des Prestiges im Gegensatz zum offenen Dachstuhl oder einer flachen Holzdecke. Die Technik des → Tonnen- und → Kreuzgratgewölbes kannten schon antike Baumeister. Dieser Gewölbetyp wurde im frühen Mittelalter übernommen und, indem die Grate durch Rippen hervorgehoben wurden, zum → Kreuzrippengewölbe weiterentwickelt.

Gurtbogen
In einem romanischen Kirchenbau mit einer eingewölbten Decke überziehen kräftige Bögen in Querrichtung das Gewölbe. Da sie die Decke wie Gurte einzuschnüren scheinen, nennt man sie Gurtbögen.

Hallenkirche
Bei diesem Kirchenbautyp scheinen sich die Seitenschiffe nach oben zu recken, um die Höhe des Mittelschiffs zu erreichen. Dabei vergrößern sich die Wandöffnungen zwischen Seitenschiff und Mittelschiff, bis die Wände nur noch als kräftige Stützen die Schübe der → Gewölbe aufnehmen. Da jetzt das Mittelschiff keine eigenen Außenwände mehr besitzt, wird die Kirche durch die Fenster der Seitenschiffe ausgeleuchtet. Sind die Seitenschiffe etwas niedriger als das Mittelschiff, so spricht man von einer Staffelhalle.

Hirsauer Reform
Im 10. Jahrhundert war das Leben in den Klöstern so weit verweltlicht und von der ursprünglichen Idee des Mönchtums, wie es Benedikt von Nursia um 500 mit seiner Ordensregel begründete, abgewichen, dass, ausgehend von Cluny in Frankreich, das Klosterwesen reformiert wurde. Im deutschen Raum faßte dieser Reformgedanke zuerst im württembergischen Hirsau um 1080 Fuß. Er wirkt sich auch auf den Kirchenbau aus: In Opposition zu den aufwendigen Kaiserdomen in Mainz, Speyer und Worms proklamierten sie demonstrative Schlichtheit. Eine einfache Säulenbasilika mit flacher Holzdecke und zwei Osttürmen als einzigem Schmuck wurde zum Standardbau, der jedoch zahlreiche Abwandlungen erfuhr.

Joch
Sollte eine Kirche durch Kreuzgrate bzw. -rippen eingewölbt werden, so mußte man den Deckenbereich in möglichst gleich große, quadratische Abschnitte teilen. Bei einem solchen → Gewölbe konzentriert sich der Gewölbeschub, d.h. die Last, die das Gewölbe auf die Mauer ausübt, in den Gewölbeecken, die ein entsprechendes Widerlager durch die Wand in Form von Stützen benötigen. Dadurch wird also auch die Wand in die Gewölbegliederung einbezogen. Jeweils einen eingewölbten Abschnitt von Decke und Wand nennt man Joch.

Ein Mittelschiffjoch und zwei Seitenschiffjoche

Kämpfer
Ein Bogen leitet sein eigenes Gewicht und das der Mauer auf die Seiten ab. Um diesen Vorgang konstruktiv sichtbar zu machen, setzt man einen oft mit Schmuckreliefs versehenen Steinblock als Kämpfer, d.h. Auflager des Bogens, ein.

Kapellenkranz
Wenn ein halbrunder oder vieleckiger → Chor von Kapellen umstellt wird, spricht man von einem Kapellenkranz. Dabei bietet jede Kapelle Platz für einen Altar.

Kapitell
Das Kapitell war seit jeher fester Bestandteil der → Säule als Verbindungsglied zum darüberliegenden Gebälk oder zur Wand. In der Romanik bekommen allgemein alle Stützen, egal ob Säule, → Pfeiler oder nur → Dienst, ein Kapitell. Die Freude am Bauschmuck der Steinmetze im Mittelalter läßt sich an der überaus verschiedenartigen und phantasievollen Bearbeitung der Kapitelle ablesen.

Klausur
Der innere Bereich eines Klosters, der nur von den Geistlichen, Nonnen oder Mönchen betreten werden durfte. Er liegt aus klimatischen Gründen meist südlich der Klosterkirche.

Kreuzgang
Er ist Teil der → Klausur und läuft als überdachter Gang um einen quadratischen Innenhof. Von ihm gehen die anderen Klausurgebäude und die Kirche ab, er ist somit das Kommunikationszentrum des Klosters.

Kreuzgratgewölbe
Schiebt man zwei → Tonnengewölbe im rechten Winkel ineinander, so entsteht an den Schnittstellen ein diagonales Kreuz. Entfernt man nun die die Schnittstellen überragenden Resttonnen, so bleibt das Kreuzgratgewölbe übrig.

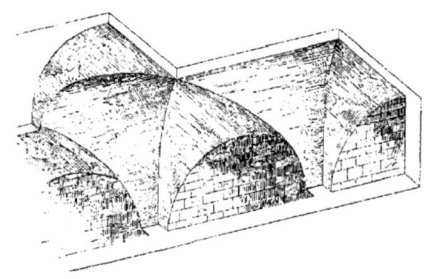

Kreuzgratgewölbe

Kreuzrippengewölbe
Dieser Gewölbetyp entstand aus einer Weiterentwicklung des → Kreuzgratgewölbes. Nicht mehr die vier Gewölbekappen wurden als das konstruktive Element begriffen, sondern die Grate, die durch gemauerte Rippen Festigkeit erhielten.

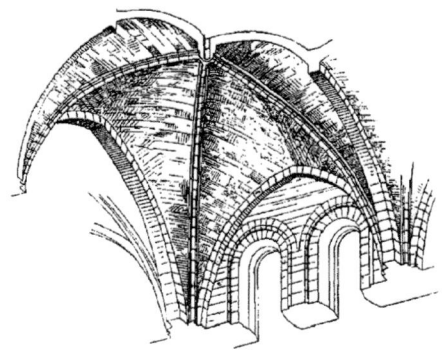

Kreuzrippengewölbe

Krypta
Die Krypta (griechisch: „überdeckter Gang") ist eine Gruft unter dem Chor einer Kirche. Sie ist hervorgegangen aus unterirdischen Grab- und Reliquienkapellen. Frühe Krypten können stollenförmig sein, spätere sind meist mehrschiffig. Oft liegen der Chor und der Altar höher als das Langhaus, da die Krypta nicht ganz versenkt angelegt ist.

Lettner
In einigen mittelalterlichen Kirchen ist der → Chor noch durch einen Lettner, eine hohe Wand mit einem → Portal, das in den Chor führt, abgetrennt. Stärker noch als durch die mannshohen → Chorschranken teilt der Lettner die Kirche in einen Teil für die Geistlichkeit und einen Raum für die einfachen Gläubigen. Lettner finden sich nur in Kirchen in West- und Mitteleuropa. Die meisten wurden in späterer Zeit entfernt.

Lisene
Die Architektur der Romanik betonte bevorzugt die Horizontale mit kräftigen Gliederungen. Aber auch in vertikaler Richtung wurde die Mauerwirkung aufgelockert durch schwach vortretende Mauerverstärkungen, die zur Gliederung von Fassaden dienten.

Maßwerk
Die ehemals sehr kleinen Fenster der romanischen Bauten werden ab dem 13. Jahrhundert zunehmend größer, steiler und die abschließenden Bögen spitzer. Zunächst wurden zwei, später dann mehrere Fenster unter einem größeren Bogen zusammengeführt. Um den Raum der Fenster und des überfangenden Bogens zu gliedern, konstruierte man ihn als filigranes Steingerüst. Daraus entwickelte sich eine auf der Geometrie basierende Steinornamentik, die man, da sie mit dem Zirkel „gemessen" wurde, als Maßwerk bezeichnet.

Netzgewölbe
→ Gewölbe, bei dem die Grate gitterförmig über die Wölbung verlaufen. Es wird oft als figuriertes Gewölbe bezeichnet, da die Gewölberippen mehr der Dekoration dienen als der Konstruktion.

Nonnenempore
Einige mittelalterliche Frauenklosterkirchen besitzen an der Westseite eine nur vom Kloster aus zugängliche Empore. Manchmal wird die Empore auch an den Langhauswänden fortgeführt. Sie diente den Nonnen dazu, den Gottesdienst zu besuchen, ohne mit anderen Gläubigen in Kontakt kommen zu müssen.

Patrozinium
In dem Begriff Patrozinium steckt das lateinische Wort pater, was soviel heißt wie Schutzherr. Für die Kirche bedeutet es, daß sie einem Heiligen oder Apostel geweiht wird, der den ihr anvertrauten Gläubigen Schutz bietet.

Pfeiler
Der Pfeiler ist quasi das stehengebliebene Wandstück zwischen zwei dicht beieinander stehenden Öffnungen. Er kann wie eine → Säule auf einer Basis stehen und ein → Kapitell besitzen, auch wie diese einen runden Querschnitt haben, ist aber, im Gegensatz zur Säule, immer gemauert und hat über die gesamte Länge die gleiche Stärke.

Pfeilerbasilika
Stehen die beiden Seitenwände des Mittelschiffs einer → Basilika in der unteren Zone auf → Pfeilern, nennt man sie Pfeilerbasilika.

Portal
Vom lateinischen Wort porta für Tür abgeleitet, bezeichnet das Portal den repräsentativen Eingang zu einem Bauwerk. Es wird durch plastischen Schmuck wie → Säulen und Figuren aus der Fassade hervorgehoben.

Querhaus
Die Kirche als Haus Gottes wurde im Mittelalter gerne auf dem Grundriß eines lateinischen Kreuzes errichtet, das durch die Kreuzigung Christi als Symbol des Christentums gilt. Dabei versinnbildlichten das Querhaus den Querbalken, das Langhaus und der → Chor den Längsbalken des Kreuzes.

Rheinischer Stützenwechsel
Die Vorliebe im Rheinland, die Mittelschiffwand durch einen steten Wechsel von → Pfeiler und → Säule zu rhythmisieren, trug dem „einfachen Stützenwechsel" die Bezeichnung Rheinischer Stützenwechsel ein, obwohl er in Gernrode (Sachsen-Anhalt) schon sehr früh angewandt wurde und auch später nicht auf das Rheinland beschränkt blieb.

Sächsischer Stützenwechsel
Großzügiger als der → Rheinische Stützenwechsel wirkt eine Rhythmisierung von zwei → Säulen zwischen den → Pfeilern. Im niedersächsischen Hildesheim prägt er erstmals in St. Michael den Innenraum einer abendländischen Kirche.

Säule
Die Säule mit Basis und → Kapitell galt in der Antike als Weiterentwicklung eines Baumstammes, ist daher immer rund und verjüngt sich nach oben hin. Diese Merkmale werden in der Regel auch im Mittelalter beibehalten. Fehlt die Verjüngung, spricht man meistens von einem Rundpfeiler.

Tonnengewölbe
Bis zur Ausbildung des → Kreuzgewölbes war das Tonnengewölbe die einzige Möglichkeit, große Räume mit einer gemauerten Decke zu wölben. Das Tonnengewölbe hat eine gleichbleibende Scheitelhöhe und einen zumeist halbkreisförmigen Querschnitt.

Tonnengewölbe mit Gurtbögen

Triumphkreuz
Das gesamte Mittelalter hindurch gehörten Triumphkreuze zur üblichen Kirchenausstattung. Dabei handelt es sich um monumentale, in Deutschland meistens plastische Darstellungen des gekreuzigten Christus als Triumphator über den Tod. Sie hängen weithin sichtbar im Mittelschiff vor dem → Chor oder der → Vierung und sind häufig mit dem → Lettner verbunden.

Vierung
Als architektonischen Mittelpunkt einer Kirche mit einem Grundriß über einem lateinischen Kreuz, die also aus Langhaus und → Querhaus besteht, empfindet man den Raum, wo sich die beiden Häuser durchdringen. Er wird als Vierung bezeichnet.

Westbau/Westriegel
Im Grenzland zum heidnischen Osten haben viele Kirchen einen ausgesprochen wehrhaften Charakter, der sich vor allem im blockhaften und kaum gegliederten Westbau zeigt. Dieser quergelagerte Westteil eines Kirchenbaus kann als Turm, Turmgruppe oder Riegel mit durchlaufendem Dach ausgebildet sein.

Westfassade
Kirchen sind, soweit es die äußeren Umstände zulassen, so ausgerichtet, daß der Hauptchor nach Osten, Richtung Jerusalem, zeigt. Somit befindet sich der Haupteingang auf der gegenüberliegenden Seite im Westen, wenn nicht dort ein zweiter Chor steht. Da man die Kirche also von Westen aus betritt, wird diese Seite als Fassade durch die → Portale besonders ausgestaltet.

Karte

Nordroute:

1. **Magdeburg:** Dom zu Magdeburg, (10./12. Jh.)/ Domkirche St. Mauritius und St. Katharina, Kunstmuseum Kloster Unser Lieben Frauen (12. Jh.), Katholische Universitätskirche St. Petri zu Magdeburg (1150), Katholische Kathedrale St. Sebastian (11. Jh.)
2. **Groß Ammensleben:** Ehem. Benediktinerinnen-Klosterkirche St. Petrus und Paulus (1129)
3. **Hillersleben:** Benediktinernonnen-Kloster St. Laurentius (1022)
4. **Hundisburg:** Ruine Nordhusen (12. Jh.)
5. **Bebertal:** Friedhofskapelle St. Stephanus (10. Jh.)
6. **Walbeck:** Ruine der Stiftskirche St. Marien u. Grabplatte Lothars II. in der Dofkirche St. Michaelis (11. Jh.), Sarkophag Graf Lothars II. (10. Jh.) in der Dorfkirche
7. **Wiepke:** Dorfkirche (12. Jh.)
8. **Engersen:** Dorfkirche (13. Jh.)
9. **Rohrberg:** Dorfkirche (12. Jh.)
10. **Diesdorf:** Augustinernonnenklosterkirche St. Maria und Crucis (1161)
11. **Salzwedel:** Pfarrkiche St. Lorenz (Mitte 13. Jh.)
12. **Arendsee:** Benediktinerinnenkloster St. Marien (1184)
13. **Beuster:** Stiftskirche St. Nikolaus
14. **Hansestadt Seehausen:** Portal Kirche St. Petri
15. **Havelberg:** Dom St. Marien (1150)
16. **Sandau:** Pfarrkirche St. Laurentius/St. Nikolaus (1200)
17. **Schönhausen:** Dorfkirche St. Marien und Willebrord (1212)
18. **Wust:** Dorfkirche (12. Jh.)
19. **Melkow:** Dorfkirche (12. Jh.)
20. **Jerichow:** Prämonstratenserkloster (1148) und Kirche St. Marien und Nikolai, Stadtkirche (1230).
21. **Redekin:** Dorfkirche (12. Jh.)
22. **Altenplathow/Genthin:** Ev. Kirche Genthin Altenplathow mit Grabstein des Herrn von Plotho (1170)
23. **Burg:** Unterkirche St. Nikolai (1190), Oberkirche Unser Lieben Frauen (1250)
24. **Loburg:** Ruine Kirche Unser Lieben Frauen (1190)
25. **Leitzkau:** Pfarrkirche St. Petri (1150), Stiftskirche Sancta Maria in Monte (1155)
26. **Pretzien:** St. Thomas-Kirche (1180)

Südroute:

27. **Wanzleben:** Burg Wanzleben
28. **Seehausen/Börde:** Kirche St. Peter und Paul (1148)
29. **Hadmersleben:** Benediktinerkloster St. Peter und Paul (10. – 12. Jh.)
30. **Kloster Gröningen:** Klosterkirche St. Vitus (12. Jh.)
31. **Hamersleben:** Stiftskirche St. Pankratius (1111)
32. **Dedeleben:** Romanik Hotel und Spa Wasserschloss Westerburg (11 Jh.)
33. **Huysburg:** Benediktiner-Priorat St. Marien (1121)
34. **Halberstadt:** Dom und Domschatz zu Halberstadt, Liebfrauenkirche
35. **Osterwieck:** Stadtkirche St. Stephani (1150)
36. **Ilsenburg:** Benediktinerkloster St. Peter und Paul (1180)
37. **Drübeck:** Benediktinerinnen-Kloster St. Vitus (1170)
38. **Wernigerode:** Kirche St. Johannis
39. **Blankenburg:** Zisterzienserkloster Michaelstein
40. **Quedlinburg:** Stiftskirche St. Servatius mit Domschatz, Basilika St. Wiperti, Marienkloster Münzenberg
41. **Thale:** Kloster Wendhusen
42. **Gernrode:** Stiftskirche St. Cyriakus (10. Jh.)
43. **Ballenstedt:** Augustiner-Chorherrenstift, später Benediktinerkloster St. Pankratius und Abundus (= 1170)
44. **Falkenstein:** Burg Falkenstein (1120)
45. **Ermsleben:** Konradsburg (1200)/Klosterkirche St. Sixtus
46. **Frose:** Striftskirche St. Cyriakus
47. **Klostermansfeld:** Benediktinerkloster Mariae Himmelfahrt (1040)
48. **Lutherstadt Eisleben:** Kloster St. Marien Helfta
49. **Sangerhausen:** Ev. Pfarrkirche St. Ulrici (1116 – 1123)
50. **Tilleda:** Königspfalz (10. Jh.)
51. **Allstedt:** Burg (erste Erwähnung im 9. Jh.) und Schloss
52. **Querfurt:** Burg (um 899)
53. **Mücheln:** Dorfkirche St. Michael
54. **Memleben:** Museum Kloster und Kaiserpfalz Memleben
55. **Bad Bibra:** Margaretenkirche Steinbach
56. **Eckartsberga:** Eckartsburg (12. Jh.)
57. **Bad Kösen/Saaleck:** Romanisches Haus (12. Jh.), Rudelsburg, Burg Saaleck
58. **Schulpforta:** Zisterzienserkloster Sanctae Mariae ad Portam
59. **Naumburg:** Dom St. Peter und Paul (13. Jh.)
60. **Flemmingen:** Dorfkirche St. Lucia
60. **Zeitz:** Moritzburg mit Dom St. Peter und Paul (11. Jh.)
61. **Freyburg:** Schloss Neuenburg (11. – 13. Jh.), Stadtkirche St. Marien
62. **Zscheiplitz:** Klosterkirche St. Bonifatius
63. **Goseck:** Schloss Goseck
64. **Schönburg:** Burg Schönburg
65. **Zeitz:** Dom St. Peter und Paul
66. **Merseburg:** Dom St. Johannes und St. Laurentius (11. Jh.), Neumarktkirche St. Thomae Cantuariensis (12. Jh.)
67. **Halle (Saale):** Oberburg Giebichenstein (961), Dorfkirche Böllberg (12. Jh.)
68. **Landsberg:** Doppelkapelle St. Crucis (1170)
69. **Petersberg:** Augustinerstiftskirche St. Petrus (12. Jh.)
70. **Altjessnitz:** Dorfkirche
71. **Bernburg-Waldau:** Dorfkirche St. Stephani (1180), Eulenspiegelturm des Schlosses Bernburg (Romanischer Bergfried)
72. **Nienburg:** Benediktinerkloster St. Marien und St. Cyprian (11. Jh.)
73. **Hecklingen:** Benediktinerinnenklosterkirche St. Georg und Pancratius (1170)